APRENDIENDO A SER LA ESPOSA DE UN PASTOR

Cómo convertirte en la compañera sabia y prudente de un ministro de Dios

Dorka Liz Soto
www.laesposadelpastor.com

APRENDIENDO A SER LA ESPOSA DE UN PASTOR

Cómo convertirte en la compañera sabia y prudente de un ministro de Dios

Editorial
Letra Minúscula

Primera edición: junio de 2020
ISBN:
Copyright © 2020 Dorka Liz Soto
Editado por Editorial Letra Minúscula
www.letraminuscula.com
contacto@letraminuscula.com

Las citas bíblicas fueron tomadas de la Santa Biblia,
Versión Reina Valera 1960.

Todos los derechos reservados. Bajo las sanciones establecidas en el ordenamiento jurídico, queda rigurosamente prohibida, sin autorización escrita de los titulares del *copyright*, la reproducción total o parcial de esta obra por cualquier medio o procedimiento, comprendidos la reprografía y el tratamiento informático.

Índice

AGRADECIMIENTOS 11

INTRODUCCIÓN 13

Capítulo 1
RESPALDA A TU ESPOSO
EN EL LLAMADO 19

Capítulo 2
SOMÉTETE AL LIDERAZGO
DE TU ESPOSO 29

Capítulo 3
DEMUÉSTRALE RESPETO
A TU ESPOSO 47

Capítulo 4
APOYA A TU ESPOSO
EMOCIONALMENTE 59

Capítulo 5
PROTEGE A TU ESPOSO EN
LA GUERRA ESPIRITUAL 83

Capítulo 6
ATIENDE LAS NECESIDADES FÍSICAS
DE TU ESPOSO 99

Capítulo 7
ASISTE A TU ESPOSO CON
LA CRIANZA DE LOS HIJOS 107

CONCLUSIÓN 121

AGRADECIMIENTOS

A mi Padre Celestial
Te agradezco este privilegio que me otorgas de poder compartir dos de mis pasiones (la enseñanza y la escritura) con cada una de esas hermosas damas, esposas de pastores. Tú eres el que me ha dado la sabiduría para poder trasmitir estos consejos que provienen de tu propio corazón. Tu amor me impulsa cada día a cumplir con tu llamado. No hay palabras que puedan describir lo agradecida que estoy contigo por todos tus beneficios y misericordias. Eres lo más importante en mi vida. ¡Te amo!

A mi esposo
Estoy agradecida por tu apoyo, tu paciencia y tu amor. Durante estos años que he estado a tu lado, ayudándote en el ministerio, me he dado cuenta lo difícil de tu responsabilidad como ministro de Dios. Por eso deseo ser una mujer sabia y prudente, para tratarte como Dios desea que lo haga. Te doy gracias por tomarme en cuenta en este ministerio y por apoyarme para escribir este

libro que será de edificación a muchas esposas de pastores, así como lo ha sido para mí. ¡Te amo, mi amor!

A mis hijos
Les agradezco a mis hijos Joel, Liz, Naarai y Abigail, por todo el apoyo que me han brindado para escribir este libro. Gracias por cada sonrisa, abrazo y cada momento que me regalan, lo cual me convierte en la madre más afortunada del mundo. Gracias por las cartitas que me han escrito con palabras de amor y aliento. Gracias por las oraciones que hicieron pidiéndole a Dios que me ayudara a escribir cada palabra registrada en este libro. Y gracias por orar para que se hiciera realidad la publicación de esta obra. ¡Los amo con todo mi corazón!

A los siguientes pastores
Agradezco la colaboración de los pastores Joel Soto, Fernando Mercedes, Leonardo Carballo, Israeli Peraza y Wilfredo Picot. Cada uno de ellos aportó un consejo sencillo en la sección titulada *Palabras de un pastor*. Me alegra que hayan aceptado bendecir y edificar a las esposas de pastores. Gracias nuevamente. Mi más sincero respeto para ustedes. Dios les bendiga mucho.

INTRODUCCIÓN

El pastor Juan llega a la casa del pastor Alfonso para hablarle acerca de la decisión que estaba a punto de ejecutar.

PASTOR ALFONSO
Pastor Juan, Dios le bendiga. Adelante. Siéntese, por favor. ¿Cómo puedo ayudarle?

PASTOR JUAN
Dios le bendiga, pastor Alfonso. Gracias por recibirme en su casa. Decidí acudir a usted porque necesito contarle una situación que estoy atravesando.

PASTOR ALFONSO
Cuénteme. ¿Qué le sucede?

PASTOR JUAN
Quiero decirle que estoy a punto de dejar el ministerio, pero, antes, necesito su opinión y su consejo. Pastor Alfonso, yo reconozco que soy un hombre lleno de

imperfecciones, pero amo a Dios con todo mi corazón. Trato de ser un buen cristiano, un buen esposo, un buen padre y ministro de Dios. Pero el problema es que no cuento con el apoyo de mi esposa. Llevo mucho tiempo tratando de que ella me respete. Esta situación me afecta mucho como cabeza del hogar y como líder de la congregación, porque siento que he perdido autoridad. Me siento derribado en lo emocional y espiritual.

PASTOR ALFONSO
Pastor Juan, déjeme hacerle una pregunta. ¿Usted sabe qué factores están influyendo en el comportamiento de su esposa?

PASTOR JUAN
Pues déjeme decirle que mi esposa siempre ha tenido un carácter dominante, pero, en un tiempo, ella era una mujer muy sometida y consagrada a Dios; y se esforzaba para comportarse como una mujer virtuosa. Tristemente su actitud ha cambiado. Lleva bastante tiempo que no se consagra como antes lo hacía. Su vida espiritual ha ido en decadencia.

PASTOR ALFONSO
Comprendo...

INTRODUCCIÓN

Pastor Juan

Su actitud ha provocado un caos en el hogar. Mis hijos se comportan indisciplinadamente y me faltan el respeto. En la congregación la situación es insoportable. Ella constantemente contradice lo que digo o las decisiones que tomo. Muchos hermanitos de la iglesia se han quejado de su mal comportamiento. Varias ovejitas se fueron a otras congregaciones porque no pueden tolerar que mi esposa se comporte como una mujer carnal. Esto me afecta mucho como líder. ¿Qué usted me aconseja, pastor Alfonso?

¿Qué consejo tú crees que el pastor Alfonso debe darle al pastor Juan?

Tristemente, muchos pastores están atravesando la misma situación o una similar a la del pastor Juan. Muchos de ellos se sienten desanimados, desilusionados, quebrantados y listos para abandonar el ministerio. Ellos, aparte de ayudar a las ovejas con sus problemas, tienen que lidiar con esposas desconsideradas, irrespetuosas, amargadas y quejosas. Es muy lamentable que esto ocurra, porque las congregaciones necesitan pastores apasionados, entregados y responsables; y el buen trato de parte de sus esposas es fundamental para que ellos ejerzan su trabajo de manera eficaz.

Amada, lo creas o no, tu manera de tratar con tu esposo influye mucho en sus emociones. No estoy diciendo que tu forma de tratarlo es, cien por ciento, la causa de sus victorias o derrotas, de sus alegrías o tristezas; sin embargo, te aseguro que eres la persona que tiene más poder de hacerlo sentirse como un triunfador o como un derrotado. Tienes el poder de herirlo profundamente o de sanarlo delicadamente.

Como esposa de pastor, tu mayor interés debe ser el de tratar a tu esposo con la sabiduría de Dios. Tratar a tu esposo de manera prudente es saber suplir sus necesidades espirituales, emocionales y físicas; es saber cubrir, con amor, todas sus imperfecciones; es sanar su corazón herido con tus palabras, sonrisas y caricias; es estar a su lado en las noches más oscuras y en los días más claros; en fin, es cumplir tus responsabilidades como esposa, amiga y hermana en Cristo.

En este libro te ofrezco consejos valiosos que te ayudarán a ser esa compañera sabia y prudente que tu esposo necesita, para que procedas con amabilidad, respeto, cariño y responsabilidad ante él. También te proveo orientación sobre cómo suplir las necesidades de tu amado de manera apropiada.

Algunas razones por las cuales necesitas aprender sabiduría y prudencia para tratar con tu compañero son las siguientes:

- Porque necesitas entender que, aunque tu esposo es pastor no deja de ser un hombre con imperfecciones y debilidades; pero aun así debes tratarlo como un varón de Dios.

INTRODUCCIÓN

- Porque tu manera sabia de tratar a tu esposo es un buen ejemplo para tus hijos y para muchas mujeres.
- Porque con tu buen comportamiento cuidas el testimonio de tu líder.
- Porque con tu manera adecuada de conducirte con tu amado le demuestras cuánto lo amas y valoras.
- Porque cumpliendo con tus funciones como esposa contribuyes a tener un matrimonio sano y estable.
- Porque con tu respeto y tu sometimiento lo motivas a cumplir con sus responsabilidades.
- Porque con tu apoyo, amor y comprensión ayudas a sanar su corazón herido.
- Porque si utilizas la sabiduría para mantener un matrimonio conforme al plan de Dios, tu esposo podrá ejercer un ministerio respaldado por la Palabra. Tendrá la autoridad del Espíritu Santo para enseñar los estatutos divinos, tal como un obrero de Dios debe hacerlo.
- Porque, cuando actúas conforme a la sabiduría bíblica, el Señor se agrada de ti, te pone en gracia y te bendice.

Todas estas razones deben ser motivos para que desees aprender a cómo conducirte sabiamente con tu esposo. Por eso, te invito a que continúes leyendo este libro en el cual encontrarás instrucciones bíblicas, para que aprendas a ser la esposa sabia y prudente de ese varón que Dios puso a tu lado.

Capítulo 1
RESPALDA A TU ESPOSO EN EL LLAMADO

Déjale saber a tu esposo que estás cien por ciento dispuesta a ayudarlo en el ministerio. Declárale que trabajarás con él como un equipo. Demuéstrale que confías en que él es capaz de cumplir con esta gran encomienda. Anímalo con una actitud positiva. Déjale saber que te interesa ayudarlo a edificar su hogar y la iglesia de Cristo. Cuando reaccionas de estas maneras frente a tu esposo le estás diciendo que lo respaldas en el llamado que Dios le ha hecho como líder del hogar y la congregación. Tu esposo necesita tu respaldo más que el de otras personas. Dios te escogió como ayuda idónea, compañera y colaboradora en el ministerio porque tu esposo te necesita más de lo que imaginas.

Muchos pastores carecen del respaldo de sus familiares (padres, hermanos, primos, tíos). Algunos son criticados y menospreciados. *No permitas que las críticas de los familiares u otras personas te desanimen impidiendo que lo respaldes.* No dejes que los comentarios negativos te afecten infundiéndote temor. Yo he pasado esta experiencia en la cual familiares y otros ministros no creen en el ministerio pastoral de mi esposo. Ellos lo han menospreciado, pero yo nunca he prestado atención a sus palabras porque estoy segura de que Dios lo llamó. Nunca he dejado que esta situación me desanime porque sé que Cristo también tuvo que pasar por esos momentos cuando aún muchos de sus familiares no creyeron en él (Juan 7, 5). Eso tal vez está sucediendo con tu esposo, pero es importante que lo respaldes, aunque otros no lo hagan. Que otros no lo apoyen tal vez le cause tristeza, pero que tú no lo hagas lo destruye.

Es importante que también respaldes a tu esposo, *aunque tenga limitaciones físicas*. Tal vez tu esposo es ciego, sordo, mudo, cojo, etc., o tiene alguna condición de salud; sin embargo, ninguna de estas limitaciones es un problema para Dios. Aun los mudos y los sordos pueden predicar en lengua de señas a personas con la misma condición. He visto muchas personas que son utilizadas por el Señor, aunque tienen sus discapacidades. Admiro mucho a una esposa de pastor que veo por las redes sociales, la cual ayuda a su esposo que es lisiado. Este varón, aunque se mueve en una silla de ruedas, es muy esforzado y valiente. ¡Su esposa es una verdadera guerrera de Dios! Estoy segura de que, aunque este pastor atraviesa pruebas fuertes, el apoyo de Dios primeramente y luego el respaldo de su esposa, lo motivan a seguir cumpliendo con su misión.

La Biblia nos muestra el ejemplo de Moisés, quien tenía un problema físico. Él era tardo del habla y torpe de lengua (Éxodo 4, 10). Dios lo escogió como líder para que liberara al pueblo de Israel de la servidumbre en Egipto. Moisés le puso excusas a Dios, pero Dios tenía a Aaron, su hermano, para ayudarlo. Si tu esposo tiene alguna limitación física, Dios te puso a su lado para ayudarle. El Señor siempre tiene personas en su obra que están dispuestos a ayudar al pastor a cumplir con la encomienda.

Apoya a tu esposo de la manera que él es y con la gracia que Dios le otorgó. Tu esposo es una persona única. Él no es como otros pastores. No predica, enseña, dirige y preside igual que ellos. Comparar a tu esposo con otros pastores puede molestarlo bastante. Y si eres o fuiste hija de pastor te aconsejo que no lo compares con tu padre. Él nunca va a ejercer el ministerio tal y como tu padre lo hace o lo hizo. Acepta las diferencias entre ambos. Tu esposo tiene una gracia única. Si no aceptas su forma de pastorear, y lo criticas, lograrás que se desanime.

Puede ser que tu esposo no tenga tanta preparación académica o teológica como otros la tienen, pero, aun así, debes apoyarlo. Dios no llama a una persona al pastoreado por tener títulos universitarios o certificados teológicos o porque obtuvo buenos grados. Cuando Dios llama a alguien al ministerio lo hace porque esa persona tiene las cualidades que él necesita. Muchas esposas de pastores no han entendido esta verdad. Ellas no creen que sus esposos están cualificados para liderar porque no son personas con una alta educación escolar o teológica. Si tú eres una de ellas déjame recordarte que Cristo escogió doce discípulos quienes eran personas sencillas y sin mucho estudio, pero, aun así, los usó poderosamente (Hechos 4, 13). Si Dios llamó a tu esposo, él lo capacitará con su sabiduría.

Tampoco dejes de respaldar a tu esposo porque te desanimas cuando ves todas sus imperfecciones. Muchas esposas de pastores tenían expectativas de que los pastores eran personas perfectas. Para su sorpresa se han percatado de que sus esposos también luchan con la naturaleza pecaminosa. Entonces, convivir con ellos y ver que no son tan perfectos como ellas esperaban, las hace dudar del llamado de Dios. Sabemos que la Biblia habla de los requisitos que deben tener los pastores (1 Timoteo 3, 1-7; Tito 1, 5-9); ellos deben ser de buen ejemplo, pero eso no significa que nunca van a fallar. No deben practicar el pecado, pero a veces van a ofender a Dios y al prójimo. Aun así, eso no quita que sean siervos de Dios.

Tu esposo (y el mío), al igual que el profeta Elías, son hombres sujetos a pasiones (Santiago 5, 17). Elías fue un siervo de Dios. Fue un profeta que el Señor utilizó poderosamente, pero no fue perfecto. Él se molestó, sintió miedo, se desanimó, deseó la muerte (1 Reyes 19, 4), se echó a dormir (1 Reyes 19, 5), se escondió en una cueva (1Reyes 19, 9) e invocó a Dios contra Israel (1 Reyes 19, 10; Romanos 11, 2-4). Aun así, Dios tuvo misericordia de él. Dios también tiene misericordia de tu esposo porque conoce su condición. El Señor se acuerda de que tu compañero es polvo (Salmos 103, 14).

Otro ejemplo de un hombre llamado por Dios, pero lleno de defectos, fue Jacob. Si nosotras hubiéramos tenido la oportunidad de elegir al hombre que representaría al pueblo de Dios, de seguro que Jacob hubiera sido la última opción. ¿Cómo es posible que un hombre tramposo, mentiroso y usurpador haya sido seleccionado por Dios para representar a su nación? Dios escoge a quien él quiere y tiene misericordia de quien él quiere. Él tuvo misericordia de Jacob, le cambió el nombre y lo bendijo. Dios miró que Jacob, a pesar de sus defectos, luchó con el ángel para no quedarse en ese estado (Génesis 32, 22-32).

Como último ejemplo te quiero hablar de Pedro. Él, un hombre de temperamento colérico, ligero al hablar y al actuar. Le cortó la oreja a un soldado (Juan 18, 10). Negó a Cristo después de que le dijo que estaba dispuesto a morir por él (Mateo 26, 33-35). A este hombre, a pesar de su carácter, Dios lo escogió para ser su discípulo. El Señor lo preparó y lo capacitó para que apacentara a sus ovejas. Pedro no fue perfecto (en términos humanos) porque, aun siendo apóstol, arrastró a Bernabé con su hipocresía (Gálatas 2, 11-13). Pero, a pesar de sus faltas, fue un siervo de Dios. El Señor siempre tuvo misericordia de él porque tuvo un corazón humilde. Estos varones, a pesar de que cometieron errores, siempre demostraron que amaban a Dios. Por ese motivo Dios los usó y los bendijo. Dios los respaldó porque nunca se creyeron mejores que nadie, no se jactaron de sus talentos, ni de sus dones ni de nada que obtuvieron de parte del Señor. Ellos fueron humildes y honraron a su Creador.

Amada, si ves que tu esposo, a pesar de sus debilidades, está tratando de agradar a Dios y de obedecerle, apóyalo. Recuerda, Dios no llama a personas perfectas, porque esas personas no existen (en términos humanos). Nuestro Dios llama a personas que, a pesar de sus imperfecciones, le aman y desean hacer su voluntad.

A continuación, te menciono algunas acciones que puedes ejecutar para que le demuestres apoyo y respaldo a tu esposo:

- Ora por él diariamente.
- Anímalo con palabras positivas.
- Sigue la visión que Dios le ha dado.
- Atiende sus necesidades.
- Respeta sus decisiones.
- Escúchalo atentamente.
- Asiste al templo regularmente.
- Acompáñalo a hacer sus visitas pastorales.
- Sírvele con amor.
- Compréndelo.
- Muéstrale empatía.

- Colabora en las diferentes tareas del ministerio.
- Colabora en las diferentes tareas del hogar.
- Ayúdalo a cumplir sus metas.
- Celebra sus triunfos.

Finalmente, te quiero hablar de dos mujeres de la Biblia quienes respaldaron a sus esposos en la tarea que Dios les encomendó. Una de ellas fue la esposa de Noé. Esta dama, de la que no se registra su nombre en la Biblia, demostró su apoyo para con su esposo. La Biblia no nos proporciona detalles de su trabajo, pero puedo deducir que no fue de estorbo a su esposo para que obedeciera a Dios. Estoy segura de eso porque fue una de las sobrevivientes del diluvio.

Otra dama que respaldó a su esposo fue Sara. Ella salió de su tierra y su parentela con su esposo Abraham a una tierra que no conocía. La Biblia no registra que ella se opuso a su esposo. Ella fue una mujer sumisa.

Amada, al igual que a estas dos mujeres, Dios te hace un llamado a respaldar a tu compañero. No mires las limitaciones y las debilidades que tiene. No escuches a aquellos que se le oponen. Mira y escucha al que le hizo el llamado. Confía en el que tuvo misericordia de tu esposo para ponerlo como líder. Créele a tu Padre Celestial. Si apoyas a tu esposo también disfrutarás de esas promesas que Dios le ha hecho a él; tal como la esposa de Noé, quien fue salva del diluvio, por seguir a su líder; y como Sara, a quien Dios bendijo con el hijo de la promesa, Isaac.

APRENDIENDO A SER LA ESPOSA DE UN PASTOR
PALABRAS DE UN PASTOR

Pastor Joel Soto
(Estados Unidos)

La Biblia enseña que el pastor tiene que ser marido de una sola mujer, en otras palabras, el ministro de Dios debe estar acompañado con una esposa. Pero esa compañera debe ser una mujer idónea que lo respalde en ese llamado. Todo hombre de Dios en la Biblia, como Abraham, Jacob y todos los patriarcas, necesitaron de esposas que los ayudaran a cumplir con el propósito Divino.

Una de las maneras (y la más difícil) como la esposa del pastor puede respaldar a su compañero en el ministerio es sujetándose a él. También lo puede ayudar aconsejando a otras mujeres. Otra manera es fortaleciéndolo en medio de las pruebas. Con su buen ejemplo es otra manera de respaldar el ministerio de su líder. Ella lo puede respaldar, también, evitando atacarlo, en otras palabras, no combatiendo con él. Porque el pastor es atacado por muchas personas que no están de acuerdo con lo que predica o con la manera como trabaja; pero él no desea ser atacado por su esposa con sus críticas y contiendas.

A veces el pastor comete errores, porque es humano. Pero es bien triste que su esposa tome el lado de las ovejas. En ocasiones el pastor va a decir o hacer algo en que las ovejas no estarán de acuerdo y tampoco su esposa, pero, con relación a esas áreas que a ella le incomoden de su esposo y líder, debe orar a Dios para que lo ayude a tomar mejores decisiones. Porque el pastor no es perfecto y Dios le dará crecimiento en diferentes áreas.

Muchas esposas de pastores no respaldan a sus esposos por diferentes razones. Algunas no quieren pasar las pruebas del ministerio; otras, porque no quieren estar solas; pues se acostumbraron a tener amigas y el ministerio muchas veces trae soledad. También otras damas se sienten como el águila, la cual tiene que atravesar por un proceso doloroso para luego renovarse. Muchas de ellas salieron con sus esposos al ministerio, pero a través de un proceso doloroso; y se les hace difícil apoyar a sus cónyuges porque se sienten tristes y desanimadas.

Lo más importante es que la esposa del pastor acepte el llamado de Dios, para que pueda respaldar a su esposo eficazmente.

Capítulo 2
SOMÉTETE AL LIDERAZGO DE TU ESPOSO

Para el varón, uno de los deseos más apremiantes es tener una esposa sumisa. Para él esto es un detalle que lo hace sentirse respetado y amado. Este sentir no es un capricho de hombres. Este sentir proviene de Dios, quien puso al varón en una posición de autoridad (1 Corintios 11, 3). Tristemente, en este tiempo que vivimos de la *liberación femenina* y el *empoderamiento de la mujer*, un gran porcentaje de mujeres consideran este mandamiento como un pensamiento machista.

El hecho de que un hombre desee ser considerado como cabeza de su esposa no significa que es machista. Este sentimiento es naturalmente puesto por Dios. Cuando una dama se rebela en contra de este mandamiento (Efesios 5, 22-24) crea un caos en su hogar y en la congregación. La mujer sabia evita lo más posible esta situación (Proverbios 14, 1).

Es muy difícil para un pastor trabajar al lado de una mujer que hace su voluntad y reta su autoridad. Todo líder necesita una compañera que le haga sus tareas tal como él las necesita, como le gusta o como se sienta dirigido por Dios. Para él también es importante que su mujer le consulte antes de tomar alguna decisión. Él necesita que ella respete su posición y sus decisiones delante de sus hijos y de otras personas. Otro detalle que necesita es que ella lo escuche y le preste atención. Cuando una esposa actúa de esta manera le demuestra a su compañero que acepta su liderazgo.

Con esto no digo que siempre vamos a estar de acuerdo con nuestros cónyuges; sin embargo, es importante que cuando no estemos de acuerdo se lo comuniquemos de manera mansa y pacífica. No debemos discutir y airarnos si ellos no consideran nuestros consejos u opiniones. Debemos llevarlo en oración para que el Señor los dirija a tomar las decisiones correctas.

Hablando del ámbito ministerial, muchas esposas de pastores piensan que pueden ejercer la misma autoridad que sus esposos en la congregación. Conozco casos donde la esposa del pastor es también considerada como la pastora de la Iglesia. En un concilio al cual pertenecimos mi esposo y yo, el pastor y su esposa eran considerados con la misma jerarquía. Ambos se sentaban en el altar mientras que sus hijos actuaban como si no tuvieran padres.

Esta situación ha sido aprobada por muchos pastores, pero en otros casos este problema ha causado conflictos en matrimonios de ministros de Dios. La razón es porque siempre habrá uno que va a tener más autoridad que el otro. Si la esposa se impone a la autoridad de su esposo y pastor, tarde o temprano habrá un caos. Entonces, este problema se verá reflejado en su matrimonio, su familia y la congregación.

Por ese motivo, Dios, en toda su sabiduría, dejó escrito en su palabra la manera cómo nosotras debemos comportarnos y tratar con nuestros maridos. Colosenses 3, 18 dice: *"Casadas, estad sujetas a vuestros maridos como conviene en el Señor"*. Esta regla es para toda mujer casada. En nuestro caso, que somos esposas de pastores, la regla sigue siendo la misma. De la manera como debemos sujetarnos a nuestros esposos en el hogar, también debemos someternos a su liderazgo pastoral.

Un día una mujer (pastora) me escribió un mensaje de texto en el que me expresó su disgusto por el hecho de que yo le había dicho que mi esposo es mi pastor. Me dijo que yo no me debía poner en una posición tan baja de considerarme como una oveja. Me expresó que yo no era oveja, sino pastora, igualmente que mi esposo. Yo le hablé sobre mis convicciones acerca del tema y le dije que mi trabajo no es el de pastorear la congregación. Mi responsabilidad es la de ser una ayuda idónea, humilde y sujeta a mi esposo. Mi deber es complementarlo y ayudarlo en todo lo necesario.

Esa pastora me faltó el respeto insinuando que muchas mujeres que piensan como yo "están escondiendo el maltrato que sufren por parte de sus esposos". Ella piensa que cuando una mujer se somete a su compañero es porque él la obliga o está siendo abusada. Yo tuve que sacarla de mi lista de contactos y bloquearla, porque sus palabras eran veneno de Satanás. Yo estoy muy consciente de que Dios puso a la mujer en sujeción al varón. Pero, como consecuencia de la desobediencia de la mujer en el huerto del Edén, se le hace difícil obedecer este mandamiento. Sin embargo, la mujer sabia se sujeta con amor y por amor. Ella nunca compite por obtener la autoridad y el control.

Cuando Dios creó a Adán y a Eva no había ningún problema de rebelión y desobediencia. Ninguno de ellos peleaba por una posición o por la autoridad. Había armonía y paz entre ambos. Pero cuando Eva decidió escuchar la voz de la serpiente y obedecerle, sus ojos se abrieron a la malicia, que la condujo a seducir a su esposo para que cayera juntamente con ella. Por tal razón Dios puso a la mujer bajo la autoridad del varón (Génesis 3,16; Efesios 5, 22-24). Aunque desde el principio la mujer era dirigida por su esposo, cuando ella desobedeció Dios le dejó saber que desde ese momento su deseo sería para su compañero. Pero la serpiente antigua (Satanás) todavía sigue hablando al oído de muchas mujeres, para que se rebelen en contra de la Palabra de Dios y de sus maridos.

Si tú no deseas estar en la lista de las mujeres que caminan en rebelión debes tratar a tu compañero de las siguientes maneras:

Trátalo como superior a ti

Quizás eres una mujer con liderazgo; tal vez eres muy talentosa y emprendedora. Puede ser que tengas mucha facilidad para comunicarte con las personas, hacer amistades e influir fuertemente en los demás; eso es muy bueno. Quizás, por tener tales cualidades, sobresales en tu hogar, congregación u otros grupos. Ahora bien, quiero aconsejarte que tengas mucho cuidado que esto no afecte tu actitud de sumisión a tu esposo.

Debes ser humilde, no importa que tengas mucho carisma y diferentes capacidades. Debes darle a tu esposo el respeto por la posición de autoridad que Dios le delegó en el hogar y en la congregación. Debes tratarlo como superior a ti. *"Nada hagáis por contienda o por vanagloria; antes bien con humildad, estimando cada uno a los demás como superiores a él mismo"* (Filipenses 2, 3). Esto no significa que te menosprecies. Significa que te aprecies lo suficiente como para obedecer el orden que Dios estableció.

Cuando era jovencita tuve la oportunidad de compartir con una esposa de pastor que fue de mucha influencia en mi vida. Ella era (y es) una dama con mucha sabiduría; tiene el don de la enseñanza. Esta dama ejerce su don con una gracia especial. Sin embargo, aunque es una mujer muy capacitada, nunca demostró estar por encima de su esposo; siempre le mostró respeto y lo valoró. Nunca la vi *compitiendo* con él ni presumiendo de la forma como predicaba o enseñaba.

Muchas esposas de pastores no se dan cuenta, pero compiten con sus esposos. Tal vez no han identificado los motivos que las hacen actuar así. Puede ser que ellas sientan celos o envidia de ellos porque quisieran tener el control para ejercer más a menudo sus dones y talentos. Quizás desean que la congregación o el hogar se administre de la forma que a ellas les gusta o les parece mejor. Posiblemente ellas desean que las reconozcan o las admiren como lo hacen con sus esposos. Entonces, estos detalles las hacen sentirse molestas y las conducen a no someterse a ellos; y si se someten lo hacen a medias o con la actitud incorrecta.

Algunas se *jactan* de ser más espirituales que sus maridos porque oran más o ayunan más que ellos. Otras damas se sienten más capacitadas porque están más o mejor preparadas intelectual o teológicamente. Pero esto no debe suceder. Que una esposa de pastor sea más espiritual o tenga más habilidades que su esposo no es pretexto para creer que Dios tiene favoritismo con ella. Dios no va a quebrantar su propia palabra quitándole la autoridad a su esposo para otorgársela a ella.

Te aconsejo que actúes con humildad. No importa que seas una mujer con liderazgo, con mucho talento y muy inteligente, estás bajo sujeción. Y no es porque tu esposo lo determinó así, sino porque Dios lo estableció en su Palabra. Ese es el orden divino. No puedes hacer todo lo que quieres, cuándo quieres o cómo quieres. Tanto en el hogar como en la congregación tu esposo tiene la autoridad.

Ahora quiero que entiendas que el hecho de que nuestros esposos sean los líderes no significa que no podemos aportar ideas o consejos. Podemos aportar muchos beneficios. Lo que no debemos hacer es imponer nuestra voluntad. En ocasiones, nuestras ideas u opiniones van a parecer mejor que la de nuestros esposos, pero si ellos no están de acuerdo debemos respetarlos y someternos. En algunos momentos ellos estarán de acuerdo, pero, aun así, siempre debemos ser humildes y no jactarnos de que nuestra idea o consejo fue mejor.

Nuestra actitud debe ser como la de Sara. Un día ella observó que Ismael, hijo de Abraham y su sierva Agar, se burlaba de Isaac. Esta situación la molestó mucho (Génesis 21, 8-14), entonces, Sara le aconsejó a Abraham que echara de su casa a Agar y a su hijo, para que no heredara juntamente con Isaac. A Abraham le pareció grave esta situación, pero Dios le dijo que le hiciera caso a Sara. Entonces, Abraham obedeció porque Dios estaba en el asunto.

Aunque Sara tuvo razón y Dios la respaldó, no se jactó de eso. Tampoco se burló o fue sarcástica con su compañero. Ella fue humilde. Sara siempre se sometió a su esposo y lo respetó. Al igual que Sara, en ocasiones nosotras también vamos a tener la razón y Dios nos va a respaldar, pero eso no significa que tenemos el permiso de Dios para humillar a nuestros maridos.

Amada, trata a tu esposo como superior a ti. Trátalo como un siervo de Dios. Honra la autoridad que el Señor le delegó. Dios lo escogió como líder y desea que tú lo trates como tal.

Trátalo de manera afable y apacible

Muchas esposas de pastores tienen el temperamento colérico. Este temperamento tiene muchas características positivas, pero al mismo tiempo, si no se sujeta al Espíritu, puede causar muchos problemas. Cuando una esposa de pastor no está caminando en el Espíritu puede llegar a ser muy dominante, cruel, egoísta y rebelde (pero esto puede suceder con cualquier mujer, no importa cuál sea su temperamento). La Biblia nos habla de una mujer con dichas características. Ella fue Jezabel, quien estaba casada con el rey de Israel, Acab. Su temperamento era preponderante y dictatorial.

La Biblia dice que no hubo otro rey como Acab, que se vendió para hacer lo malo; porque su esposa lo había incitado (1 Reyes 21, 25). Aunque la Biblia no lo dice, yo estoy segura de que Acab tenía miedo del carácter de su esposa. Ella era una mujer malvada al extremo; tanto así que mandó a matar a muchos profetas de Dios (1 Reyes 18, 4). Su carácter diabólico infundía temor a cualquier hombre. Era tan malévola que hasta el profeta Elías huyó de ella (1 Reyes 19, 1-3). Y si Elías, un hombre poderoso en Dios, le tuvo miedo, ¡cuánto más su marido!

Amada, Dios no desea que tengas el corazón de Jezabel. Él quiere que atavíes tu corazón con un *espíritu afable y apacible* (1 Pedro 3, 3-4). Ser afable y apacible significa ser una persona mansa, suave en el trato, agradable. Si hasta este momento has sido una mujer con estas características no cambies tu manera de ser y de conducirte; aunque el enemigo ponga pensamientos en tu mente y te diga que eres tonta. Aunque te diga que ser afable y apacible eran virtudes para las mujeres del tiempo de Sara, no escuches su voz, porque tener estas cualidades es parte del plan de Dios para ti.

Tal vez el enemigo te haga pensar que no tienes valor o que eres débil solo por ser suave en tu trato. ¡Eso es una mentira de Satanás! Él es el padre de toda mentira. Tu esposo te necesita exactamente como eres, con tu carácter afable y apacible. Él no desea una esposa que compita con su autoridad. Tu amado necesita una mujer serena, calmada y suave. Tu esposo requiere de una mujer con quien pueda descansar y con quien pueda sentirse seguro y amado.

Si, por el contrario, llevas mucho tiempo que no le das el lugar y el respeto que tu esposo merece, hoy puede ser el día de cambios positivos para tu vida. Si deseas tratar a tu esposo como la cabeza, pero se te hace difícil respetar su autoridad, te aconsejo que sigas los siguientes pasos que te ayudarán a ser la esposa idónea que tu compañero necesita tener.

1. Llénate del Espíritu Santo en consagración

La única manera para que logres tener prudencia para tratar con tu esposo es llenándote del Espíritu Santo. Si el enemigo te engañó para que no te sometas a tu compañero quiero decirte que hoy puede ser un gran día para que vuelvas a tu primer amor con Cristo. Estar en el primer amor con Jesús te ayuda a obedecer sus mandamientos. Ora, lee la Biblia, escudriña las Escrituras, ayuna y mantente meditando en su Palabra. Conságrate a Dios. Haciendo estos ejercicios espirituales tu temperamento se sujetará al Espíritu y tendrás el dominio propio para vencer la tentación de la rebelión.

A través de la oración Dios te llena de sabiduría (Salmos 51, 6). La lectura y el estudio diario de la Palabra, con un corazón dócil, te ayuda a recordar lo que él desea y espera de ti (2 Timoteo 3, 16). El ayuno ayuda a que se desaten ligaduras de impiedad (Isaías 58, 6). La falta de sujeción es una ligadura de impiedad a la que debes renunciar. El ayuno te ayuda a que tu alma se purifique de cualquier pensamiento y argumento que se levanta contra el conocimiento de Dios (2 Corintios 10, 5).

2. Imita el ejemplo de mujeres sumisas

Cuando una dama se desarrolla en un ambiente en donde la esposa del pastor no muestra sometimiento, pero, aun así, le permiten ministrar y tomar parte en la congregación, dicha dama puede terminar imitando esa influencia negativa. Eso es lo que ha sucedido con muchas esposas de pastores que han salido al ministerio con sus esposos. Muchas de ellas piensan que esa conducta es correcta. No se sienten redargüidas, porque no es un tema del que se hable en sus concilios o reuniones. Sin embargo, la Biblia nos sigue confirmando cual es la conducta que Dios desea de cada mujer casada. En 1 de Pedro 3, 1-6 se nos da una serie de instrucciones que debemos seguir para ser consideradas como mujeres santas de Dios. Pero lo que quiero enfatizar es que Dios nos ha dejado el ejemplo de una mujer que se sometió a su esposo. En el versículo 6 dice:

"... *como Sara obedecía a Abraham, llamándole señor; de la cual vosotras habéis venido a ser hijas, si hacéis el bien, sin temer ninguna amenaza*". Sara es un ejemplo que Dios desea que imites. Ella, a pesar de sus imperfecciones, fue una mujer sumisa.

Sara demostró su respeto para con su esposo llamándole *señor*. Referirse a su esposo como señor demostraba que ella se sometía a su autoridad. En nuestros tiempos no utilizamos la palabra señor, pero todavía debemos tener la misma actitud de Sara. Si procedes con la misma actitud que ella serás considerada como una de sus hijas. ¿Deseas ser hija de Sara?

Cuando una esposa de pastor no quiere sujetarse a su marido puede ser porque piensa que va a perder cierta autoridad, control o admiración de los demás; entonces, eso se convierte en una amenaza para ella. Lo que no tiene en cuenta es que Dios la mira con desagrado. Además, está siendo una influencia negativa para sus hijas y para muchas jovencitas y damas. Las hijas de Sara no tememos ninguna amenaza. Sabemos perfectamente los beneficios que obtenemos al sujetarnos a nuestros maridos. Hemos experimentado la paz que produce el obedecer a Dios al ser sumisas. Disfrutamos de matrimonios felices y estables, porque tratamos con mucho cuidado este asunto.

Amada, si eres de las personas que crecieron mirando la falta de sujeción de tu madre, de la esposa de tu pastor o de otra figura femenina, déjame recordarte que ellas no actuaron en obediencia a Dios. Tal vez su comportamiento pareció atractivo (carnalmente), pero en realidad es un comportamiento que, si lo sigues, afectará tu matrimonio, tu familia, el ministerio y la congregación.

Ahora te invito a que hagas un análisis de las mujeres de la Biblia o de otras que conoces. Medita sobre el comportamiento de cada una. Pregúntate: ¿Cuál fue o ha sido el resultado de su conducta? ¿Vale la pena seguirla? Si escoges imitar a mujeres como Sara, Abigail, la esposa de Noé, María (la madre de Jesús) y Elisabet, entonces, vas por buen camino. Ellas nunca permitieron que el deseo de autoridad y control las dominara. Si honras a Dios como estas mujeres lo hicieron, Dios te honrará a ti también como lo hizo con ellas.

Si piensas que de alguna manera has sido influenciada por ese espíritu de Jezabel, el cual no se sujeta a la autoridad del varón, hoy Dios te da la oportunidad de arrepentirte y de comenzar de nuevo. Solo hace falta que tengas un corazón humilde. Recuerda, tu esposo necesita que lo respetes y seas sumisa porque esto lo hace sentirse amado. También lo hace sentirse con la suficiente moral y con la debida autoridad para enseñar a la iglesia sobre este tema de la sujeción.

3. Confía en Dios

Para que puedas sujetarte a tu esposo de manera voluntaria y amorosa debes confiar plenamente en Dios. Si crees que Dios es santo y desea que vivas en santidad, entonces también debes creer que sujetarte a tu esposo es parte de su voluntad la cual te ayudará a caminar el camino de la perfección. Cuando puedes entender este mandamiento no hay duda ni temor que se apoderen de ti. Porque confías que tu esposo es un siervo llamado por Dios para dirigir el hogar y el ministerio; y por eso no recurres a métodos que Dios no respalda como la falta de respeto, la competencia, la mentira, la manipulación, la rebelión, etc.

Rebeca recurrió a un método carnal porque dudó del plan de Dios. Ella utilizó la mentira para tratar de ayudarle (Génesis 27, 1- 40). Jehová le había hablado acerca del futuro de sus hijos. El Señor le reveló que el mayor de sus hijos (Esaú) le serviría al menor (Jacob). Pero Isaac amaba más a Esaú. Por eso, cuando Isaac estaba avanzado de edad, llamó a Esaú y le pidió que le preparara un guisado, para luego bendecirlo. Rebeca escuchó la conversación e hizo un plan con Jacob. En el plan estaba involucrada la mentira, la trampa. Al final de esta situación Jacob tuvo que huir porque Esaú quería matarlo. Rebeca se desesperó ante la decisión de su esposo de bendecir a Esaú. Ella perdió su mirada de Aquel que había dado una promesa de que Jacob sería bendecido. Por ese motivo utilizó a su hijo para mentirle a su esposo.

Situaciones similares suceden con esposas de pastores que dejan de confiar en Aquel que tiene la última palabra. Si Dios te hizo una promesa personal o para tus hijos o a nivel ministerial y tu esposo no entiende y desea tomar decisiones que tú consideras que no son las apropiadas, no debes utilizar métodos carnales, tal como lo hizo Rebeca. Debes poner toda situación en oración. Debes confiar plenamente en Dios. Él siempre va a cumplir sus propósitos, no importa lo que se interponga en el camino. Tu deber y el mío es estar sujetas y respetar a nuestros esposos. Lo que ellos no estén haciendo correctamente, con nuestras oraciones y ayunos moveremos a Dios para que trate con sus corazones.

En conclusión, quiero recordarte que, tanto en el hogar como en la congregación no puede haber dos cabezas. Siempre uno se tendrá que someter al otro y ese es nuestro caso. A toda mujer, incluyéndome a mí, Satanás trata de que nos rebelemos ante el mandamiento de sujetarnos a la autoridad del varón. Pero yo he visto en mi vida la bendición que trae el ser una esposa sumisa. Dios me bendice a nivel personal, matrimonial y ministerial. Él también desea bendecirte, pero debes sujetarte a tu marido con una actitud humilde, apacible y afable.

Ahora te invito a que, si deseas, hables con tu esposo sobre este tema. Pregúntale cómo se siente con relación a tu manera de ser. Pregúntale en qué áreas necesitas ser sumisa. Permite que te diga lo que puedes hacer al respecto. Si deseas pedir perdón, este es el momento indicado. Si sigues estos consejos verás la bendición de Dios en tu vida de manera extraordinaria. Y si tu relación matrimonial se ha afectado, Dios la restaurará. Dios te pondrá en honra. En fin, sujetarte al liderazgo de tu esposo y pastor les traerá buenos resultados a ambos.

APRENDIENDO A SER LA ESPOSA DE UN PASTOR
PALABRAS DE UN PASTOR

Pastor Fernando Mercedes
(República Dominicana)

La mujer sabia, para poder someterse a su marido, primeramente, debe someterse a Dios y aplicar las enseñanzas bíblicas. Ella se somete a Dios porque le teme, en otras palabras, lo respeta y lo obedece. La Biblia dice en Proverbios 31, 30: *"Engañosa es la gracia, y vana la hermosura; La mujer que teme a Jehová, esa será alabada"*. El proverbista habla de que más allá de la belleza física hay algo más importante; se trata de ese buen comportamiento y el sometimiento que solo puede resultar de una mujer que teme a Dios. Por eso, la dama que se sujeta a los preceptos divinos va a ser honrada, porque es un ejemplo digno de admirar.

El apóstol Pedro, en 1 Pedro 3, 1, enseña sobre lo que debe ser la conducta de una mujer hacia su marido. Él dice: *"Asimismo vosotras, mujeres, estad sujetas a vuestros maridos..."*. La mujer de Dios debe tener una conducta intachable. Debe ser como Sara, quien llamaba señor a su esposo, Abraham. Ella fue una mujer sometida; iba con Abraham a donde quiera que Dios lo enviaba; también lo obedecía (1 Pedro 3, 6).

El temor de Dios es lo que nos mueve a hacer lo correcto y justo. El esposo lidera a su esposa con amor. Él es puesto como cabeza de la mujer (Efesios 5, 23). De la cabeza salen todas las señales, para que el cuerpo se mueva. Pero, aunque la cabeza dirige, todos los miembros son importantes. La mujer tiene igual importancia que el hombre, pero ella tiene roles diferentes. Y su posición es el de sujetarse a la cabeza, que es su marido. Pero ambos se complementan.

Capítulo 3
DEMUÉSTRALE RESPETO A TU ESPOSO

¿Cómo le hablas a tu esposo? ¿Cómo es tu trato con él? ¿Crees que esa es la manera correcta de conducirte con tu amado? ¿Qué dice la Biblia acerca de ese comportamiento?

Contestándote estas preguntas podrás darte cuenta si eres una mujer que respeta o no respeta a su esposo. Es importante que te escudriñes, porque respetar a tu esposo es otro mandamiento de parte de Dios para ti (Efesios 5, 33). Respetar a tu esposo significa considerarlo y valorarlo, es hacer todo lo posible por no ofenderle a propósito, es siempre hacerle el bien, es someterse a su autoridad, es tratarlo con cuidado. En fin, es honrarlo y tratarlo con dignidad.

Tristemente, a lo largo de este ministerio he visto mujeres cristianas y esposas de pastores faltarles el respeto a sus esposos. Muchas de ellas los ofenden utilizando sobrenombres, palabras corruptas, sarcasmo, etc. En muchas ocasiones les llevan la contraria. También hablan mal de ellos con otras personas. Criticarlos y amenazarlos son acciones que practican muchas de ellas. Y, lo creas o no, existen casos de esposas de pastores que agreden físicamente a sus compañeros. Como resultado de estas injusticias muchos pastores están desanimados y/o depresivos. Otros dejaron el ministerio; mientras que algunos abandonaron el evangelio.

Para tu esposo lo más importante es tener tu respeto. Él necesita ser admirado y estimado por ti. También necesita que le enseñes a tus hijos a respetarlo. Como esposo, padre y ministro de Dios siente la necesidad de que su familia le dé el valor y el lugar que merece. Cuando un pastor no consigue el respeto de su familia su reputación es desacreditada porque pierde autoridad. Ante esta situación el ministerio de tal varón peligra. Es casi seguro que muchas ovejas busquen otra congregación en donde el pastor y su familia se estén comportando conforme al orden bíblico.

Si no deseas que esto le ocurra a tu esposo y líder te invito a que leas los consejos que menciono a continuación, los cuales te ayudarán a tratar a tu esposo de manera sabia y con el respeto debido.

Háblale mansamente

En ocasiones te vas a enojar con tu esposo, pero en esos momentos controla tus emociones. No hables según cómo te sientes. Cuando estés preparada, entonces habla con calma y serenidad. Si actúas bajo ira terminarás gritando y ofendiendo. La Biblia dice en Proverbios 15, 4: *"La lengua apacible* [mansa] *es árbol de vida; más la perversidad de ella es quebrantamiento de espíritu"*. Cuando actúas o hablas sin mansedumbre le quebrantas el espíritu a tu esposo.

Toléralo

Aunque tu esposo es pastor no es perfecto. Muchas de sus actitudes no te van a gustar. Si lo toleras, respetarás su carácter, sus opiniones e ideas, aunque no estés de acuerdo con ellas. La tolerancia te lleva a cubrir sus faltas (a perdonarlo). Colosenses 3, 13 dice: *"soportándoos unos a otros, y perdonándoos unos a otros si alguno tuviere queja contra otro. De la manera que Cristo os perdonó, así también hacedlo vosotros"*.

Refiérete a él por su nombre

Con esto quiero decir que no le pongas apodos ofensivos. Cuando te refieras a él llámale por su nombre o por algún apodo amable (cariño, amor, corazón, tesoro). Muchas mujeres llaman a sus esposos por nombres como tonto, bobo, idiota, bueno para nada, inútil, etc. y esto afecta su estima. Mateo 5, 22 dice: *"Pero yo os digo que cualquiera que se enoje contra su hermano, será culpable de juicio; y cualquiera que diga: Necio, a su hermano, será culpable ante el concilio; y cualquiera que le diga: Fatuo, quedará expuesto al infierno de fuego"*. Dios no aprueba los sobrenombres y las palabras ofensivas. Si usas nombres o palabras insultantes estarás expuesta al infierno.

Háblale con la verdad

Mentirle a tu esposo rompe la línea del respeto. Sé honesta con él en todo momento. Cuando mientes creas desconfianza. Tu esposo necesita confiar en ti como compañera, amiga y hermana en Cristo. Si continuamente le mientes acerca de cualquier asunto significa que no confías en él y que algo anda mal en tu relación conyugal. Efesios 4, 25 dice: *"Por lo cual, desechando la mentira, hablad verdad cada uno con su prójimo; porque somos miembros los unos de los otros"*.

No le escondas detalles importantes

Entre tu esposo y tú debe haber confianza. No debes esconderle detalles que suceden en el hogar o en la congregación. Cuando lo haces y luego lo escondido sale a la luz, muchos se dan cuenta que en tu relación matrimonial no hay confianza. Esta situación es muy incómoda para cualquier esposo porque le hace sentir que no es respetado.

Calla cuando sea necesario

No siempre tienes que hablar todo lo que sientes o piensas. Hay situaciones en que tu esposo no puede resolver porque no está en su poder hacerlo; entonces, no te quejes con él ni le eches la culpa. Cuando te quejas desencadenas discusiones que no edifican.

Guarda tus opiniones negativas o palabras ofensivas. Si tu esposo no desea escuchar tus opiniones o consejos no digas nada. Órale a Dios cuando algo te incomoda y espera el momento indicado para hablar. En ocasiones no tendrás que decir nada; Dios resolverá el asunto a su tiempo y manera. Proverbios 10, 19 dice: *"En las muchas palabras no falta pecado; Mas el que refrena sus labios es prudente"*.

Demuéstrale agradecimiento

Ser agradecida es una manera de demostrar respeto. Es importante que le agradezcas a tu esposo todos sus esfuerzos. Cuando te quejas diariamente le dejas ver que no valoras sus detalles. Entonces, puede llegar el momento en que no se esfuerce en hacer algo por ti, porque se desanima con tu actitud. Efesios 5, 4 dice: *"ni palabras deshonestas, ni necedades, ni truhanerías, que no convienen, sino antes bien acciones de gracias"*.

Dale consejos apropiados en el momento apropiado

Dios te puso al lado de tu esposo para ayudarlo. Los consejos son parte de esa ayuda que él necesita. Debes tener en cuenta que los consejos deben estar alineados a la palabra de Dios. Tus consejos deben ayudarlo a cumplir con la voluntad del Señor.

Es importante que entiendas que no siempre él va a aceptar tus consejos. Cuando esto suceda no lo presiones ni lo obligues a aceptar tu opinión. Cuando tu compañero no desee escuchar tu consejo, simplemente no se lo des. Ponlo en oración y Dios se encargará de dirigirlo. Proverbios 20, 18 dice: *"Los pensamientos con el consejo se ordenan; y con dirección sabia se hace la guerra"*.

Tenle Paciencia

Si tu esposo no está cumpliendo una responsabilidad como esposo, padre o pastor y ya has hablado con él sobre el asunto, pero todo sigue igual, entonces, debes llenarte de paciencia. Si pierdes la paciencia terminarás estallando en ira. La ira te hará accionar indebidamente; terminarás gritándole, insultándolo y ofendiéndolo. Esto provocará que tu esposo también pierda la paciencia y en el hogar se desencadenará la "tercera guerra mundial".

Proverbios 14, 29 dice: *"El que tarda en airarse es grande de entendimiento; Mas el que es impaciente de espíritu enaltece la necedad"*. Si pierdes la paciencia terminarás cometiendo locuras. *"El que fácilmente se enoja hará locuras…"* (Proverbios 14, 17).

Permítele tener su espacio

Tu esposo necesita un espacio en el que pueda hacer alguna actividad que le interese. También para poder descansar o para pensar o meditar sobre algún asunto. Él también necesita tiempo y espacio para salir con algún amigo o compañero de ministerio.

En ocasiones su espacio será muy silencioso. Por lo general, los hombres, cuando no quieren hablar es porque están tratando de resolver un asunto. Pero cuando le permites tener ese tiempo estás respetando su necesidad de espacio. Así que no sufras por el hecho de que tu esposo necesita estar solo por algún momento. Si te interpones a su espacio lo harás sentirse incómodo y molesto. Y, por nada permitas que el enemigo te haga pensar que tu esposo ya no te ama por el hecho de que necesita un espacio a solas.

Trátalo como adulto
Trata a tu esposo como el adulto que es. No lo reprendas, no lo mandes ni resuelvas sus asuntos personales como si él fuera un niño. Si necesitas que tu esposo te haga un favor, pídeselo con amabilidad. No se lo exijas como si fueras su mamá. Si necesitas que él recoja los zapatos puedes pedírselo con amor; puedes decirle: Mi amor, ¿puedes ayudarme a recoger los zapatos? Si él los recoge exprésale tu agradecimiento. Si no los recoge hazlo tú. (Entiendo que esto suena difícil, pero, si le peleas, le faltarás el respeto). No puedes exigirle a hacer algo como si él fuera tu hijo.

Si tu esposo tiene que resolver una situación con alguien no te entremetas como si fueras su madre. Eso fue lo que Jezabel hizo con Acab. Cuando Acab le pidió a Nabot que le vendiera su viña, Nabot no quiso. Acab estaba desanimado por esa situación y Jezabel le preguntó por qué se sentía de esa manera. Al ella enterarse mandó a matar a Nabot y luego le entregó la viña a

Acab (1 Reyes 21, 1-16). Jezabel resolvía los asuntos de su esposo como si fuera su madre. Pero esa actitud avergüenza a cualquier varón de Dios.

Trátalo con humildad
Respetar a tu esposo no significa que no vas a fallar, pero cuando le ofendas debes pedirle perdón. También debes tener un corazón humilde para perdonarlo las veces que él te falle. Cuando eres humilde no tratas de ganar, sino de buscar la paz entre ambos.

Cuando eres humilde estimas a tu esposo como superior a ti. Lo tratas como un siervo de Dios. Filipenses 2, 3-4 dice: *"Nada hagáis por contienda o por vanagloria; antes bien con humildad, estimando cada uno a los demás como superiores a él mismo; no mirando cada uno por lo suyo propio, sino cada cual también por lo de los demás"*.

Demuéstrale confianza
Nunca utilices amenazas, manipulación ni venganza contra tu esposo. Actuar de esta manera desintegra la confianza y el respeto fácilmente. La mujer virtuosa de Proverbios 31 era una mujer cuyo marido confiaba plenamente en ella. *"El corazón de su marido está en ella confiado, y no carecerá de ganancias. Le da ella bien y no mal todos los días de su vida"* (Proverbios 31, 11-12).

El esposo de esta honorable dama estaba confiado en que ella no le haría daño, porque ella siempre le hacía bien. Así mismo debes hacerle bien a tu esposo, aunque él no esté cumpliendo con sus responsabilidades. A la larga, si confías, Dios lo hará recapacitar para que haga lo que debe hacer o se comporte como es debido.

Resalta las áreas positivas de su personalidad
No te enfoques en los detalles negativos del carácter de tu esposo. Si te enfocas en lo negativo lo ofenderás continuamente. Si hablas negativamente de él lo desacreditarás. Habla positivamente de su persona. Resalta sus virtudes. Hazlo sentirse importante.

Muéstrale amabilidad con tus gestos
¿Cómo reaccionas físicamente cuando no te agrada algo que tu esposo hace o dice? Entiendo que no siempre vas a estar contenta con tu cónyuge, pero, aun así, debes cuidar tu lenguaje corporal, porque con tus gestos puedes llegar a faltarle el respeto.

Muchas mujeres no han aprendido a controlar sus emociones y le hacen gestos de desprecio, burla, etc., a sus maridos. Algunas los humillan delante de otras personas. Te aconsejo que aprendas a gestionar tus emociones y le muestres amabilidad a tu esposo, aunque no estés de acuerdo con él.

Escúchalo
Escucha con atención cuando tu esposo te habla. Cuando respondes sin escuchar puedes malinterpretar lo que

él te quiere comunicar. Entonces, al malinterpretar, puedes molestarte, airarte y hablarle irrespetuosamente. Santiago 1, 19 dice: *"Por esto, mis amados hermanos, todo hombre sea pronto para oír, tardo para hablar, tardo para airarse"*. También debes de escucharlo para demostrarle que sus conversaciones te importan.

Todas estas formas de demostrar respeto a tu esposo debes tomarlas en consideración, para que lo hagas sentirse amado, valorado y contento. Además, tu forma de tratarlo le da honra delante de los demás. Un ejemplo de esto es el esposo de la mujer virtuosa. Este varón tenía una reputación tan limpia que era parte de los ancianos que se sentaban a las puertas de la ciudad para dar consejos. Parte de su reputación se debía a que su esposa lo respetaba y les enseñaba a sus hijos a respetarlo; y por su familia respetarlo también era respetado por los demás. *"Su marido es conocido en las puertas, cuando se sienta con los ancianos de la tierra"* (Proverbios 31, 23).

Concluyo diciendo que cuando respetas a tu esposo provocas a que los demás lo respeten. Además, él se siente con el respaldo de Dios y con toda libertad para enseñar y aconsejar a las familias de la congregación sobre cómo edificar hogares conforme al modelo bíblico.

DEMUÉSTRALE RESPETO A TU ESPOSO
PALABRAS DE UN PASTOR

Pastor Leonardo Carballo Cuencas
(Cuba)

Toda autoridad viene de parte de Dios según Romanos 13, 1; y las autoridades deben someterse a las exigencias de la voluntad divina, incluyendo la autoridad del esposo sobre la esposa.

Dependiendo del nivel de conciencia que tenga la esposa sobre este tema, es como ella valorará y respetará a su esposo. Para la esposa, el respeto hacia su cónyuge debe ser un principio, pues esto determinará el crecimiento y la madurez de la relación matrimonial, a la vez que serviría para estimular el amor y la delicadeza de su esposo hacia ella.

La mujer demuestra respeto a su esposo sometiéndose a él como cabeza del hogar; y no debe hacerlo forzadamente, sino sintiendo placer al hacerlo. También le demuestra respeto al servirle en el hogar y en público, de una manera excelente y amorosa, no importando que sus recursos económicos sean inferiores. El apóstol Pedro dice que la mujer ganaría el corazón de su marido con una conducta casta y respetuosa (1 Pedro 3, 1-2). De esta manera él la trataría con honor y consideración, como a coherederas de la gracia (1 Pedro 3, 7). Y esto agradará a Dios.

Cuando la mujer no se somete a su esposo, el ministerio de él estaría frustrado. Sería un caos. Sus prédicas no tendrían valor al ella no respetar esa autoridad puesta por Dios. Ella serviría de obstáculo y barrera al ministerio trayendo frustración y desaliento a la vida del pastor. Entonces el pastor perdería credibilidad y autoridad frente a la grey del Señor.

Cuando la mujer respeta a su esposo, reconociendo la autoridad dada por Dios, adorna la doctrina y conduce a otras mujeres a hacer lo mismo, pues ella sirve como ejemplo.

Capítulo 4
APOYA A TU ESPOSO EMOCIONALMENTE

Las emociones forman parte de todo ser humano. Éstas nos ayudan a expresar sentimientos internos y cambios de ánimo. Las emociones pueden ser negativas o positivas, dependiendo de la situación y de cómo las manejemos. Todos, en algún momento, hemos sentido alegría, miedo, asombro, vergüenza, placer, incertidumbre, etc. Estas emociones son expresadas físicamente con acciones, palabras y gestos e influyen mucho en las decisiones que tomamos.

Tu esposo y el mío trabajan diariamente con personas que llegan a nuestras congregaciones y cada una de ellas actúa de acuerdo a las emociones que está sintiendo. En ocasiones, nuestros esposos, haciendo su trabajo de aconsejar y ayudar a las ovejas u otras personas, terminan siendo criticados y lastimados por personas que están frustradas, amargadas o desesperadas. Otras veces terminan siendo honrados, alabados y respetados.

Como nuestros esposos también son personas emocionales, ante estas situaciones pueden sentirse tristes, disgustados, desanimados, desilusionados y enojados. Pero, por el contrario, pueden sentirse calmados, pacientes y compasivos. Nuestro trabajo es apoyarlos emocionalmente en todo momento. Cuando sus emociones son positivas debemos gozarnos con ellos. Cuando sus emociones son negativas debemos buscar maneras sabias y prudentes para ayudarlos a manejarlas con mucho cuidado, para evitar que se salgan de control.

Debemos apoyar a nuestros esposos en todo momento. Apoyarlos emocionalmente no significa que estemos de acuerdo con todas sus actitudes. Significa estar al lado de ellos como amigas fieles. Significa amarlos y ayudarlos a sobrellevar sus crisis y diferentes circunstancias.

Los pastores tienen una carga muy grande. Ellos tienen que velar y cuidar de sus familias, pero también tienen en sus hombros la responsabilidad del ministerio. En ocasiones esto puede llevarlos a estados de estrés y ansiedad. Muchas personas piensan que los siervos de Dios nunca llegarán a esas condiciones porque son los "super espirituales". La realidad es que ellos también son humanos con luchas y batallas semejantes a las de cualquier persona. Ellos enfrentan problemas económicos, problemas de salud, pérdida de seres queridos, críticas, calumnias, incomprensión por parte de la congregación o de familiares, fracasos, etc. Todas estas situaciones, y otras más, pueden hacerlos sentirse tristes, incompetentes, fracasados, impotentes, temerosos, desanimados, etc.

El profeta Elías, el salmista David, el apóstol Pedro y muchos siervos de Dios fueron hombres que sintieron temor, angustia, abatimiento, turbación, melancolía, enojo, etc. Aunque todos ellos fueron personas ungidas no dejaron de ser humanos. Ellos mostraron su fragilidad, pero siempre se aferraron a la misericordia del Señor. Nuestros esposos no son la excepción. Ellos también luchan para sobre llevar sus cargas y para sobrepasar las adversidades.

Pero no todo es tribulación en la vida de los siervos de Dios. Ellos también experimentan momentos donde sus emociones positivas salen a flote. Aunque ellos son pastores y deben ser personas serias en su porte y de buen testimonio, no significa que Dios les prohíbe disfrutar de las cosas maravillosas de la vida. Ellos también sienten alegría, placer, diversión, amor, gratitud, esperanza, satisfacción, sorpresa, etc. Y nosotras debemos ser instrumentos utilizados por el Señor para hacerlos sentirse contentos, valorados y agradecidos. Es nuestra responsabilidad suplir sus necesidades para que, de nuestra parte, ellos se sientan satisfechos.

Existen diferentes maneras como puedes apoyar y ayudar a tu esposo emocionalmente. A continuación, te menciono algunas.

1. Cuida tus propias emociones

Nunca podrás ayudar eficientemente a tu esposo si tus emociones no están en control. Para que puedas tener buen dominio de tus emociones primeramente debes *tener una relación íntima con Dios*. Cuando te relacionas con tu Padre puedes expresarle exactamente lo que sientes. Puedes comunicarle tus alegrías y tristezas. De esta manera él puede ayudarte a mantener la estabilidad emocional.

En tus momentos de tristeza debes comunicarte con Dios. *"¿Está alguno de vosotros afligido? Haga oración"* (Santiago 5, 13). La razón por la que debes hablar con Dios en tiempos difíciles es porque en esos momentos eres más vulnerable, o sea, estás más sensible. Son periodos en el que estás más propensa a ser herida con facilidad; y el enemigo puede tomar ventaja para sacar de ti emociones como el temor, la angustia, la desesperanza, el enojo, el afán, la ansiedad, etc. Y cuando estas emociones salen a la luz eres más propensa a ser tentada a decir o a hacer cosas indebidas. Pero para que no pierdas el control emocional es necesario que hagas lo que Mateo 26, 41 dice: *"Velad y orad, para que no entréis en tentación"*. Si intimas con Dios, él te ayudará a vencer la tentación de ejecutar alguna acción inapropiada.

Sabemos que, contrario a la emoción de la tristeza, existe la alegría. Cuando estés atravesando esos momentos de regocijo alaba a Dios y canta himnos espirituales. *"¿Está alguno alegre? Cante alabanzas"* (Santiago 5, 13). Es importante que siempre le des a Dios toda la gloria que se merece. Además, cuando alabas a Dios contagias a tu esposo, le transmites alegría. Nunca debes olvidar darle alabanzas a Dios por tus momentos de contentamiento. Antes de hacer cualquier celebración con tu esposo o tu familia dale honra a tu Dios. Celebra su misericordia para contigo y los tuyos. Celebra tus victorias de forma apropiada, sin ofender a Dios. Reconoce que es el Señor del cielo y de la tierra el que te permite disfrutar días buenos.

Alaba a Dios como lo hizo el salmista David. *"Bendice, alma mía, a Jehová, y bendiga todo mi ser su santo nombre. Bendice alma mía a Jehová, y no olvides ninguno de sus beneficios.* Él es quien perdona todas tus iniquidades, el que sana todas tus dolencias; El que rescata del hoyo tu vida, el que te corona de favores y misericordias; El que sacia de bien tu boca de modo que te rejuvenezcas como el águila" (Salmos 103, 1-5).

Cuando te relacionas con tu Padre, él te da la sabiduría que necesitas para resolver cualquier situación. *"He aquí, tu ama la verdad en lo íntimo, y en lo secreto me has hecho comprender sabiduría"* (Salmos 51, 6). Si cultivas una relación íntima con el Señor (orando, escuchando o leyendo la Biblia, escuchando alabanzas, cantando himnos espirituales), el Espíritu Santo te consolará, te animará, te dará valor, gozo, paz, paciencia y todo el fruto espiritual que necesitas para mantener tus emociones en orden. (Gálatas 5, 22-23). Tendrás equilibrio espiritual y emocional que te ayudará a trabajar con los diferentes retos que enfrentas a diario.

La Biblia menciona algunas mujeres que en un momento dado no supieron trabajar con sus emociones; por ese motivo desayudaron a sus esposos en momentos difíciles. Una de esas mujeres fue la esposa de Job. Él y su esposa atravesaron un doloroso proceso en el que perdieron posesiones, hijos y aun Job perdió su salud (Job 1; 2). Este hombre, a pesar de su horrible prueba, no pecó ni atribuyó a Dios despropósito alguno (Job 1, 22). Pero, por el contrario, su esposa, en su amargura, dejó que palabras hirientes salieran por su boca (Job 2, 9).

Entiendo el dolor de esta mujer que perdió a todos sus hijos de una vez, pero no justifica sus acciones. Job estaba bastante adolorido como para que su esposa lo terminara de quebrantar. Por eso, para que no te suceda como a ella, te aconsejo que te escondas en la presencia de Dios, para que te ayude a no hablar palabras hirientes. Tu esposo no necesita escuchar palabras imprudentes.

El salmista David fue un hombre que expresó sus emociones en la presencia de Dios. Varios de sus salmos revelan sus momentos de quebrantamiento, incertidumbre y turbación. El Salmo 42 es un ejemplo, en el versículo 5 dice: "*¿Por qué te abates, oh alma mía, y te turbas dentro de mí? Espera en Dios; porque aún he de alabarle, Salvación mía y Dios mío*". David también se sintió turbado como la esposa de Job, pero prefirió ir a la presencia de Jehová y dejar todas sus cargas delante de él.

Sara es otro ejemplo de una mujer que en un momento dado no supo canalizar sus emociones. Ella se desesperó y perdió la fe y la esperanza. Al verse estéril y anciana pensó que nunca tendría hijos. Entonces quiso ayudar a Dios. Le dijo a su esposo que durmiera con su sierva Agar, para que tuviera un hijo con ella; Sara pensaba que ese sería el hijo de la promesa (Génesis 16, 1-3). En esos momentos ella estaba experimentando desesperanza y duda. Tal vez tú también has experimentado estas emociones que sintió Sara, pero ten cuidado de que tus sentimientos inciten a tu esposo a tomar malas decisiones, así como Sara influyó en Abraham para hacer algo que Dios no le había mandado.

Las consecuencias de esta decisión no tardaron mucho en salir a la luz. Cuando Agar se vio embarazada miraba con desprecio a Sara (Génesis 16, 4). Sara estaba muy molesta y comenzó a afligir a su sierva. Entonces, la sierva huyó de ella (Génesis 16, 6). La consecuencia de tomar malas decisiones es que, después de que se toman y si los resultados no son positivos, comenzamos a actuar injustamente como lo hizo Sara con su sierva. Sara tuvo celos de ella y comenzó a tratarla de mala manera.

Quiero dar un último ejemplo. Se trata de Raquel. Jacob tenía dos esposas que eran hermanas: Lea y Raquel. Lea tenía hijos, pero Raquel era estéril. Esta situación molestaba bastante a Raquel, la cual tenía envidia de su hermana (Génesis 30, 1-2). Un día, dominada por su coraje, habló a su esposo diciéndole: *"Dame hijos, o si no, me muero"*. Jacob se molestó con ella y le dijo: *"¿Soy yo acaso Dios, que te impidió el fruto de tu vientre?"* Aquí vemos una mujer demandándole a su esposo algo de lo cual él no era culpable. Ella quiso echarle la culpa de ser estéril.

Amada, te aconsejo que no le eches la culpa a tu esposo por las pruebas que Dios te permite atravesar. Él no tiene la culpa de que Dios pruebe tu fe. Dios tampoco tiene culpa. Todo lo que atraviesas tiene un propósito. Cuando no entiendas las situaciones que pasas ve a la presencia del Señor y comunícate con él. Dale gracias por lo que permite en tu vida, porque todas las cosas les ayudan a bien a los que aman a Dios.

Te invito a que imites el ejemplo de Ana (1 Samuel 1, 1-18). Ana tenía un problema. Su esposo, Elcana, tenía otra esposa llamada Penina. Esta mujer se burlaba de Ana porque era estéril. Ana se enojaba y se entristecía por esta situación. Ella lloraba y no comía. Un día, Elcana le dijo: *"¿Ana, por qué lloras? ¿Por qué no comes? ¿No te soy yo mejor que diez hijos?"*. Cuando ella escuchó estas palabras se levantó, comió y bebió; luego, fue al templo. Allí lloró mucho y le prometió a Dios que si le daba un hijo lo dedicaría a él. El sacerdote Elí pensó que ella estaba ebria, pero Ana le explicó que estaba afligida. Elí le respondió: *"Ve en paz, y el Dios de Israel te otorgue tu petición que le has hecho"*. Y desde ese día Ana no estuvo más triste.

Como era de esperarse, Ana experimentó el enojo y la tristeza. No hay nada de malo con sentir esas emociones. Todos los seres humanos las experimentamos. Pero debemos controlarlas, tal como Ana lo hizo. Ella no peleaba con Penina, solo lloraba y no comía. Mas cuando se dio cuenta de que su esposo estaba preocupado comió y bebió (claro, ella no quería causarle angustia). Luego ella fue a la presencia del Señor. Hizo exactamente lo que debemos hacer tú y yo cuando estamos tristes, enojadas, angustiadas y desesperanzadas.

En el templo de Jehová Ana derramó su corazón en lágrimas. Y lo más lindo es que cuando el sacerdote Elí le habló palabras de esperanza ya no estuvo triste. Eso sucede cuando seguimos el consejo de Santiago 5, 13: "*Está alguno de vosotros afligido? Haga oración*". Cuando oramos en tiempos de aflicción él se encarga de poner paz en nuestros corazones.

Cuando Dios le otorgó la petición a Ana, ella bendijo a Dios. Como dice Santiago 5, 13: "¿Está alguno alegre? Cante alabanzas". Todo el Capítulo 2 de 1 Samuel es un cántico de agradecimiento y exaltación al Omnipotente. ¿Puedes imaginar cómo se sintió el esposo de Ana al verla contenta? Amada, al igual que Ana, exalta a Dios por sus proezas, sus milagros y por todo lo que hace. De esta manera transmitirás alegría a tu esposo, la que lo motivará a alabar y a bendecir el nombre de Jehová.

Asociarte con personas positivas es otra manera de cuidar tus emociones. Debes escoger amistades que te aporten bienestar. Escoge personas que te den buenos consejos y hablen positivo. Nunca andes con personas que hablen mal de la gente o, inclusive, de tu esposo. Ellos solo te llevarán a destruir a las personas que amas.

Si tienes familiares que critican, se burlan de los demás, hablan negativo o se quejan a diario, debes parar la situación. Si ellos insisten en continuar con sus malas acciones, entonces, debes tomar la decisión de separarte de ellos. Si se te hace difícil separarte, entonces, cambia sus temas negativos de conversación a temas positivos.

Escuchar, mirar o leer información positiva y edificante también aportarán beneficios a tu buen estado emocional. Por las redes sociales se puede ver y escuchar noticias, consejos y mucha información, tanto positivas como negativas. Te aconsejo que escojas aquella información que te proporcione bienestar. Escucha y mira aquello que te aporte paz, paciencia, amor, gozo y todo el fruto espiritual; todo lo que te motive a ser una mejor esposa, madre y mujer de Dios. *"Por lo demás, hermanos, todo lo que es verdadero, todo lo honesto, todo lo justo, todo lo puro, todo lo amable, todo lo que es de buen nombre; si hay virtud alguna, si algo digno de alabanza, en esto pensad"* (Filipenses 4, 8).

Lo más que necesitas para cuidar tus propias emociones es tener el genuino deseo. Debes tener el interés por ser una persona con sus emociones en control. Cuando el deseo está en tu corazón buscas todas las maneras posibles para alcanzar esta meta. Lo haces porque te amas a ti misma, a tu esposo, a tus hijos y a tu prójimo. Lo haces porque amas a Cristo y deseas parecerte a él. Y él desea que apoyes a tu esposo, quien necesita tener sus emociones en orden en todo momento para poder ayudar a otros que están emocionalmente indisciplinados o heridos.

Cuando tus emociones estén en control, exprésalas prudentemente. Expresar tus emociones no es malo si lo haces de forma consciente y sabia. Habla con tu esposo sobre la manera cómo te sientes. Si algo te molesta sé sincera, pero háblale respetuosa y mansamente. *"Airaos, pero no pequéis; no se ponga el sol sobre vuestro enojo, ni deis lugar al diablo* (Efesios 4, 26-27). Habla con calma y con claridad. Piensa cada palabra antes de decirla. Cuida, también, las expresiones de tu rostro. Los gestos son una manera de comunicación no verbal que dicen mucho.

Piensa en las consecuencias de cada una de tus actitudes. Sé humilde para reconocer tus errores. Perdona a tu esposo cuando se equivoca. Escucha antes de hablar. Expresa tus emociones, pero ejerce el control de ellas. Cuando estés contenta contagia a tu esposo con tu alegría. Nunca pierdas el gozo de Dios por más difícil que sean las circunstancias. Recuerda: *"Estad siempre gozosos"* (1 Tesalonicenses 5, 16); *"no os entristezcáis, porque el gozo de Jehová es vuestra fuerza"* (Nehemías 8, 10).

2. Bríndale exactamente lo que necesita

En ocasiones, las personas actúan egoístamente. La gente está buscando su propio bienestar. Desean cumplir sus propias metas, deseos y planes por encima de cualquier cosa. En el matrimonio no debe ser así. Aunque todos tenemos derecho de tener metas y de cumplirlas, en el matrimonio se debe trabajar como un equipo. Debe haber acuerdo entre ambos. Porque cuando nos casamos nos comprometemos a suplir las necesidades de nuestro cónyuge por encima de todos nuestros planes. Cuando suplimos sus necesidades influenciamos en sus emociones de manera positiva.

Para que puedas influenciar en tu esposo de forma eficaz, diariamente debes hacerte preguntas como las siguientes: ¿Qué necesita mi esposo en este instante? ¿Qué necesita cuando se siente triste? ¿Qué necesita cuando está contento? ¿Qué necesita cuando siente temor o cuando está molesto? ¿Qué necesita de mí en el ámbito sexual? ¿Cómo puedo hacerlo sentirse amado? ¿Cómo puedo animarlo? ¿Cómo puedo ayudarlo económicamente? ¿Debo hablarle o debo callar? ¿Cómo puedo motivarlo? ¿Cómo debo apoyarlo? ¿Necesita espacio para estar solo? ¿Necesita mi compañía? Todas estas preguntas, y muchas más, debes hacértelas o, inclusive, puedes preguntárselas a él para que, de esa manera, le brindes exactamente lo que él necesita y no lo que tú crees que él necesita.

3. Escúchalo atentamente

Escuchar a tu esposo es otra forma de proteger sus sentimientos. Cuando lo escuchas con atención él se siente valorado y respetado. Es importante que, en el momento en el que te comparta un pensamiento, opinión o idea, no lo interrumpas, no lo juzgues, no lo critiques. Tampoco hagas gestos de desprecio.

Si tienes deseos de opinar o dar un consejo pregúntale si lo desea. Debes ser sabia en esta área porque, por lo general, los varones no son tan abiertos para comunicarse como nosotras las mujeres. Si lo interrumpes de forma irrespetuosa cerrarás canales de comunicación con él.

4. Muéstrale empatía

Cuando tu esposo esté atravesando momentos difíciles piensa como si estuvieras en su lugar. No lo juzgues sin misericordia por la manera como se siente o por la forma como resolvió un problema o una situación. Todas las personas son distintas y manejan sus emociones de maneras diferentes. Tu esposo no es como tú. El modo de resolver sus situaciones o asimilar un asunto no es igual al tuyo (esto dependerá del temperamento de ambos, del estado espiritual y emocional en que se encuentren, del ambiente y de otros factores). Piensa como si tú fueras la que está atravesando tal problema. Muéstrale compasión, tal como te gustaría que lo demostraran contigo.

Cristo mostró su empatía teniendo compasión por los que atravesaban momentos de crisis, soledad, dolor, angustia y enfermedad. Un día, cuando su amigo Lázaro murió, al llegar al lugar María corrió hacia él y postrada a sus pies lloró y le dijo: *"Señor si hubieras estado aquí no habría muerto mi hermano"*. Cuando el Señor la vio llorando se estremeció en espíritu y se conmovió (Juan 11, 32-33). Jesús entiende que somos frágiles y que muchas circunstancias en la vida pueden hacernos llorar. Por ese motivo él desea que tengas esa misma compasión y paciencia a tu esposo, así como el Señor la tiene contigo.

5. Exprésale cariño

Las muestras de cariño ayudan mucho al estado emocional de tu esposo. Si deseas ver a tu esposo con el rostro brillante déjale saber, a través de los detalles, cuánto lo amas y lo valoras. No importa si él es cariñoso o no, necesita tu cariño. Tu esposo tiene muchas responsabilidades en el hogar y en la congregación y necesita estar en un hogar donde su esposa le brinde el calor de su amor.

En ocasiones, las pruebas del ministerio o situaciones personales o familiares pueden llevarte a dejar de mostrarle cariño a tu esposo; entonces, puedes llegar a actuar de manera ruda, egoísta, seca y repugnante. Estas actitudes pueden crear una atmósfera de tensión en tu matrimonio; pueden, incluso, afectar tu relación de intimidad con él. Y si tu esposo no se siente atendido y considerado pensará que no estás satisfecha con él o que lo has dejado de amar. Por eso, tu cariño es fundamental para ayudarlo en su estabilidad emocional. Te aconsejo a que te propongas hacer algo cariñoso para tu esposo todos los días. Sonríele, escríbele una carta de amor, dale un buen masaje, resalta sus atributos, sé agradecida, regálale un detalle, abrázalo, bésalo, has actividades que a él le interesan, acarícialo... Haz todo lo posible por revivir los detalles y por expresarle tu cariño y tu amor.

6. Háblale y respóndele con mansedumbre
Ahora quiero hacerte esta pregunta: ¿Qué haces cuando tu esposo está molesto? ¿Cómo reaccionas? La Biblia dice en Proverbios 15, 1: *"La blanda respuesta quita la ira; Mas la palabra áspera hace subir el furor"*. Cuando tu esposo no esté de buen humor no le hables con aspereza. Respira profundamente y respóndele con suavidad. Si hablas con blandura provocarás que él baje su tono de voz y calme su enojo.

La Biblia narra, en 1 Samuel 25, un acontecimiento en el cual David, un día, se airó contra un hombre malvado llamado Nabal. Su enojo fue tanto que quiso matarlo juntamente con los de toda su casa. Abigail, esposa de Nabal, se enteró del asunto. Entonces, se dio prisa a encontrarse con David. Cuando lo encontró se inclinó a sus pies y le habló mansamente. David se dio cuenta del error que iba a cometer y alabó a esta dama por haberlo hecho entrar en razón. Abigail es un buen ejemplo que nos demuestra que las palabras mansas tienen resultados poderosos y positivos.

7. Felicítalo y celebra sus logros

¿Cómo reaccionas cuando tu esposo obtiene un triunfo? ¿Cómo te comportas ante sus alegrías? ¿Celebras con él? Yo estoy segura de que tu esposo desea compartir contigo sus buenos momentos. A nivel personal, familiar y ministerial él conseguirá lograr las metas propuestas; cuando las alcance, su anhelo es que te alegres con él y celebres sus victorias. No cometas el error que cometió Mical, hija de Saul, esposa de David (2 Samuel 6, 14-23). David estaba contento porque el arca de Dios fue traído a la ciudad. De alegría, él comenzó a danzar en la presencia de Dios y se despojó de sus ropas reales. Mical se molestó con David por este acto. Y, por ella haber despreciado a su esposo, Dios la dejó estéril.

Tristemente muchas esposas de pastores están secas, estériles y sin fruto. Su actitud de amargura no les permite gozarse con sus esposos (Romanos 12, 15). Ellas solo miran todo lo negativo y no pueden disfrutar de las bendiciones de Dios y de la felicidad de sus maridos.

8. **Anímalo y dale esperanza**
Háblale palabras positivas continuamente. Que tus palabras proyecten fe. Anímalo con la Palabra de Dios. De vez en cuando escríbele textos bíblicos que levanten su estado de ánimo. Coloca los textos escritos debajo de su almohada, pégalos en el espejo del baño o ponlos al lado de su plato en la mesa. Busca las maneras posibles para inyectarle ánimo y esperanza a tu esposo. Puedes escribirle textos como los de Isaías 40, 31; Josué 1, 6-9; Isaías 43, 2.

9. **Sométete a él y respétalo**
En los dos capítulos anteriores hablé sobre estos dos aspectos importantes. Debes someterte a él y respetarlo porque son dos factores que aportan mucha ayuda al estado emocional de tu amado. Si te niegas a someterte a su autoridad y a respetarlo, nada de lo que hagas tendrá excelentes resultados. El sometimiento y el respeto a tu esposo le demuestra cuánto lo amas.

Todo varón fue creado con un sentido de liderazgo y autoridad. No importa si el carácter de tu esposo es dócil, flemático, manso y suave, Dios lo puso como cabeza y debes tratarlo como tu líder.

Y si tienes un carácter más dinámico, sanguíneo o colérico que tu esposo, esto no debe hacerte creer que puedes ejercer la autoridad en tu hogar o congregación.

Si, por el contrario, tu esposo es de carácter firme, fuerte o impulsivo debes respetarlo de igual manera y ser afable y apacible. Un hombre de carácter fuerte o colérico necesita una mujer mansa, porque como dice el refrán: *"Dos leones macho no pueden estar juntos en una cueva"*.

Si obras conforme a estos consejos contribuirás a que tu esposo se sienta apoyado emocionalmente. Apoyarlo emocionalmente no significa que le quitarás las pruebas que Dios le permita atravesar. Tampoco significa que lo alejarás de las tentaciones. Tú no tienes el control de lo que sucede en la mente de tu esposo y/o a su alrededor; pero, al menos, el tendrá la certeza de que estarás a su lado para animarlo, consolarlo y ayudarlo. El sabrá que siempre recibirá tu compasión y misericordia. Tendrá la seguridad de que siempre le harás bien. También tendrá el ánimo de compartir contigo sus victorias porque sabe que estarás contenta, lo felicitarás y celebrarás con él. Estará confiado en que siempre cuidarás su corazón; y si le ofendes, estará dispuesto a perdonarte porque tú también le has brindado tu perdón.

APRENDIENDO A SER LA ESPOSA DE UN PASTOR
PALABRAS DE UN PASTOR

Pastor Israeli Peraza

(El Salvador)

Quiero compartir con ustedes seis principios con relación a cómo la esposa del pastor puede ayudar a su esposo en el ámbito emocional. Lo primero que hay que entender es que el pastoreado es un llamado de parte de Dios, por tanto, no está en las manos de ese varón ni en las de su esposa el ser pastores. Ahora bien, dentro de los peligros a los que el pastor está siempre expuesto, uno de ellos se relaciona con los ataques emocionales. Acerca de eso hay estadísticas terribles sobre el por qué algunos pastores renuncian a su llamado, hogares de ministros se destruyen y matrimonios se divorcian. Uno de los factores principales para que el enemigo ataque el ministerio, y el pastor renuncie, es atacando a los pastores en la parte emocional, ya que es una parte intangible y no podemos ver los golpes; pero sí hay heridas al corazón y a los sentimientos. Debemos saber que los pastores son personas de carne y hueso al igual que sus esposas y somos atacados continuamente en la parte emocional.

Este consejo va orientado de acuerdo a la primera pareja que existió en el Edén (Génesis 2, 18). De acuerdo a este versículo voy a hablar de seis principios bien importantes en cuanto a la ayuda que la esposa del pastor debe proveer a su esposo en la parte emocional.

1. La esposa del pastor debe proveer compañía física y emocional
Dios vio que no era bueno que el hombre estuviera solo. Todo pastor sabe que es necesario tener una ayuda idónea. En el libro de Eclesiastés 4, 9-12 dice:
> 9.*Mejores son dos que uno; porque tienen mejor paga de su trabajo.*
> 10. *Porque si cayeren, el uno levantará a su compañero; pero ¡ay del solo! que cuando cayere, no habrá segundo que lo levante.*
> 11. *También si dos durmieren juntos, se calentarán mutuamente; mas ¿cómo se calentará uno solo?*
> 12. *Y si alguno prevaleciere contra uno, dos le resistirán; y cordón de tres dobleces no se rompe pronto.*

En este primer punto debemos entender que la esposa del pastor debe ayudar a su esposo emocionalmente como lo dicen estos textos de Eclesiastés; porque dos son mejores que uno. En ocasiones los pastores cometemos errores y necesitamos a alguien que nos ayude a levantarnos. Esa ayuda la encontramos en nuestras esposas.

2. La esposa del pastor debe aceptar el llamado de Dios para su esposo y para ella

A veces les cuesta, a muchas esposas de pastores, aceptar el llamado de Dios. Es importante entender que ese llamado no lo escoge uno; es algo que el Señor escoge para nosotros. En Génesis 2, 15, primero Dios le da la autoridad a Adán para labrar la tierra. Dios le dio funciones específicas. Entonces, como esposa de pastor, usted puede ayudar emocionalmente a su esposo entendiendo que la cabeza del hogar es él; y usted debe sujetarse a esa autoridad. Muchos pastores son afectados emocionalmente porque sus esposas tratan de tomar el llamado de sus esposos y quieren liderar la iglesia. Eso no es conveniente. Primero entienda, como esposa del pastor, que usted es de gran ayuda para él. Le ayuda orando por él, levantándolo y restaurándolo. Comprenda que la función del pastor dentro de la iglesia es una y la de usted es otra. Pero su función es necesaria para ayudar y complementar a su esposo.

3. La esposa del pastor debe sujetarse a la autoridad de su cónyuge y no llevarle la contraria

Cuando una esposa trata de llevarle la contraria a su esposo se produce una guerra emocional. Ella puede llegar a convertirse en una piedra de tropiezo para él. Comprenda lo que dice la Biblia en 1

Corintios 11, 8-9: *"Porque el varón no procede de la mujer, sino la mujer del varón, y tampoco el varón fue creado por causa de la mujer, sino la mujer por causa del varón"*. Es necesario entender que la mujer es una ayuda idónea y ella debe tener en cuenta que hay una autoridad máxima que debe respetar; y hay funciones dentro del ministerio y del hogar que no le corresponde a ella ejercer. Así como Dios delegó en Adán funciones específicas, también le delegó al pastor funciones específicas.

4. La esposa del pastor debe ocupar un lugar especial en el corazón de su esposo

    La esposa debe ser confidente, inteligente en saber escuchar a su marido, ya que ella tiene un lugar importante en la vida de él. Proverbios 14, 1 dice: *"La mujer sabia edifica su casa; Mas la necia, con sus manos la derriba"*. Es bien importante que la esposa sepa el valor que ella tiene en la vida de su esposo. Dios tomó a la mujer de la costilla del hombre, cerca del corazón, cerca de sus sentimientos. Pero es necesario que ella se sepa ganar ese lugar con sabiduría.

5. La esposa del pastor debe apoyar a su esposo dándole ánimo y aliento

    La Biblia dice que ya no son dos, sino una sola carne (Mateo 19, 6). Entonces, la esposa del pastor debe comprender que los problemas de su esposo son los problemas de ambos. La Biblia nos habla de que la esposa debe prestar esa ayuda en la parte sentimental. Proverbios 31, 11-12 dice: *"El corazón de su marido está en ella* confiado, *y no carecerá de ganancias. Le da ella bien y no mal todos los días de su vida"*. Ella debe alentar a su esposo cuando hay pérdidas en la familia. Juntos deben compartir los problemas y las situaciones familiares. Ella debe hacerle bien a su esposo todos los días de su vida.

6. La esposa del pastor debe cubrir las faltas de su esposo

El comentar los problemas que le suceden a su esposo o denigrarlo, esto le llevará al fracaso. Si el pastor ha cometido alguna falta, ella debe cubrirlo. Adán y Eva estaban desnudos y no se avergonzaban (Génesis 2, 25). Una esposa ayuda a su esposo en saber que no hay nada oculto entre ambos. Pero el andar difamando a su esposo lo llevará al fracaso.

Estas son seis maneras cómo la esposa del pastor puede ayudar a su esposo en el área emocional.

Capítulo 5
PROTEGE A TU ESPOSO EN LA GUERRA ESPIRITUAL

Cada pastor está llamado a velar por el alma de sus ovejas. Su trabajo es orar por ellas, predicarles, enseñarles la Palabra de Dios, aconsejarles, redargüirles, reprenderles, exhortarles con toda paciencia y doctrina (2 Timoteo 4, 1-2). Los pastores son los que están al frente de la línea de la batalla peleando por la vida de sus ovejas, de sus familias, de los que aún no han aceptado a Cristo y por sus propias almas. Para que ellos puedan llevar a cabo esta tarea de manera sabia y eficiente es necesario que vivan en consagración. Ellos también necesitan orar, ayunar, escudriñar las Escrituras y obedecer al Señor. Sin embargo, como ellos también son humanos, muchas veces se cansan y se debilitan. En ocasiones, su armadura se desgasta y se les hace difícil continuar peleando la buena batalla de la fe.

Amada, tu deber es proteger a tu esposo en el campo de guerra. Conviértete en su defensora espiritual. Sé una guerrera que pelea en oración y ayuno las batallas de tu líder. Levanta sus manos como Aaron y Hur se las levantaron a Moisés cuando se debilitaron en la guerra (Éxodo 17, 12).

El enemigo sabe que, si el pastor se debilita, su familia y la congregación sufrirán. Un pastor debilitado se puede convertir en un ser carnal; y un pastor carnal puede llegar a ser un hombre desanimado, amargado, arrogante, irresponsable, imprudente, sabio en su propia opinión, temeroso, confundido, soberbio, perezoso, chismoso, criticón, desanimando, etc. Mas si proteges a tu esposo y lo cubres con oración, ayuno y siendo discreta, Dios lo puede librar de las maquinaciones del diablo. El Espíritu Santo tratará con su corazón cuando esté actuando indebidamente. El Señor lo levantará, enderezará sus pasos y pondrá sus pies sobre peña.

Para explicarte más detalladamente cómo puedes proteger a tu esposo en la guerra espiritual voy a tomar como ejemplo el trabajo del **Servicio Secreto**. El Servicio Secreto es una Agencia Federal de los Estados Unidos que se encarga de proteger al presidente de la Nación. Esta Agencia protege su identidad y su vida.

En el Servicio Secreto hay diferentes funciones. Existen los que se encargan de analizar la comida del presidente y su familia. Otros arreglan y mantienen el cuidado de su avión privado. También están los que manejan su limusina. Y otras diferentes funciones ejercen el Servicio Secreto a favor del mandatario.

Uno de los puestos más peligrosos del Servicio Secreto es el de los *guardaespaldas*. Ellos son las personas que están cerca del jefe estatal a cada momento y en todo lugar (excepto dentro de la Casa Blanca cuando comparte con su familia). Los guardaespaldas tienen la función de acompañar a su máxima autoridad para protegerlo de posibles ataques. Mantienen la vigilancia de los alrededores para ver posibles amenazas. Protegen a su líder con sus propios cuerpos.

Estos protectores son agentes muy astutos, inteligentes y ágiles. Además, son muy valientes, ya que están dispuestos a dar sus propias vidas por la persona a quien defienden. ¿Estás dispuesta a dar tu propia vida por tu compañero de la manera como lo hacen estos fieles agentes?

Si deseas ser un guardaespaldas eficiente, como los que protegen al presidente, debes estar dispuesta a seguir estas reglas y disciplinas que menciono a continuación.

Debes estar dispuesta a dar tu vida por tu líder

Los guardaespaldas son las personas que están más cerca (físicamente) del presidente; y como mencioné, su trabajo es muy riesgoso, pues deben estar dispuestos a morir por él. Como esposa del pastor también debes estar dispuesta a proteger a tu esposo al extremo de dar tu propia vida. Esto significa que debes sacrificarte por él. ¿Cómo se hace eso? Debes ser una mujer consagrada. Debes morir, en otras palabras, debes sacrificar tu voluntad al dedicar parte de tu tiempo a *la oración, el ayuno y la vigilia* con el fin de interceder a favor de tu amado. Mientras que tu esposo y pastor está al frente de la batalla, tú debes servir como un *escudo* para él.

Intercede por tu esposo en oración

¿Cómo intercedes por tu esposo? ¿Oras a Dios mostrando misericordia por él? ¿Sientes compasión cuando clamas por él? Y si tu esposo está debilitado ¿lo acusas delante del Juez Celestial o abogas por él sabiendo que la sangre de Cristo fue derramada para limpiarlo y levantarlo?

Cuando ores por tu esposo debes pedir el favor de Dios para con él. Debes procurar su bien y la protección de cualquier mal o peligro. También, a través de la intercesión puedes lograr que Dios y tu esposo lleguen a un acuerdo para estar en paz el uno con el otro. Es lo mismo que Cristo está haciendo ahora mismo en favor tuyo y mío. Él intercede ante el Padre pidiendo misericordia por nosotras. Cuando nos arrepentimos, él aboga por ti y por mí, para que Dios perdone nuestras ofensas. De esta misma manera debemos interceder por nuestros cónyuges, para que Dios los perdone y los ayude en sus diferentes necesidades; también para que los libre de cualquier tentación.

Amada, déjame decirte que a los guardaespaldas no les importa que sus ideologías políticas sean diferentes a las del presidente. Independientemente de sus creencias, ellos lo defienden a toda costa. Su trabajo es proteger su vida. Tal vez tú seas muy diferente a tu esposo y tengas tus propios gustos, preferencias o ideas, pero, aun así, tu deber es protegerlo.

Cuando intercedes por él y buscas la gracia de Dios para su vida, el Señor obra a su favor. Tu responsabilidad no es acusar, sin misericordia, a tu esposo delante del Juez Celestial. Él ya sabe lo que tu compañero hace, lo que dice y cómo se comporta. Dios ya sabe sus debilidades y flaquezas. Tu deber es pedirle gracia al Señor para que perdone a tu amado y lo ayude a ser el hombre espiritual que debe ser.

Tu esposo experimenta diferentes situaciones y procesos que pueden afectar su vida espiritual. En ocasiones llegan los momentos de enfermedad, escasez, pérdida de un ser querido, etc. Le llegan tiempos en los cuales se siente solo, temeroso, atribulado, desilusionado y traicionado. Pero si oras por él, el Señor lo fortalecerá para que siga peleando esta buena batalla. Cuando intercedes por él, el Espíritu Santo lo ayuda a sobrellevar las pruebas y a pronunciar palabras como las que expresó el Apóstol Pablo: *"Pero tenemos este tesoro en vasos de barro, para que la excelencia del poder sea de Dios, y no de nosotros, que estamos atribulados en todo, mas no angustiados; en apuros, mas no desesperados; perseguidos, mas no desamparados, derribados, pero no destruidos..."* (2 Corintios 4, 7-9).

En el Servicio Secreto, los guardaespaldas también utilizan un modo de comunicación llamado *jerga*. Es un modo lingüístico (por palabras o señas) que solo ellos entienden. Ellos utilizan la jerga para distraer a las personas y de esta manera no puedan entender su comunicación. Esto es una manera de cuidar a su presidente. Tú también puedes interceder por tu esposo a través del lenguaje espiritual. Este lenguaje te ayuda a hablar con Dios de manera más directa y secreta.

Una de las jergas que puedes utilizar para interceder por tu esposo en oración se llama gemidos indecibles.

"Y de igual manera el Espíritu nos ayuda en nuestra debilidad; pues que hemos de pedir como conviene, no lo sabemos, pero el Espíritu mismo intercede por nosotros con gemidos indecibles. Mas el que escrudiña los corazones sabe cuál es la intención del Espíritu, porque conforme a la voluntad de Dios intercede por los santos" (Romanos 8, 26-27).

Los gemidos indecibles tienen que ver con el llanto; cuando lo único que puedes hacer es llorar, pero no puedes pronunciar palabras. Esta es una forma poderosa de interceder por tu esposo. Cuando no sepas realmente lo que él necesita, humíllate en la presencia de tu Padre y pídele al Espíritu Santo que te ayude a clamar por él. Dile que te ayude a interceder a través de los gemidos indecibles. El Espíritu Santo intercederá por ti con el lenguaje del llanto y le dirá a Dios lo que necesitas comunicarle.

A mí me ha funcionado este modo de comunicación. Muchas veces no sé exactamente cuál es la necesidad de mi esposo (o de mis hijos) y le pido ayuda al Espíritu Santo para poder gemir (llorar con dolor). Aunque no entiendo el gemido, mi espíritu se comunica con Dios y el mismo Espíritu Santo escudriña la intención de mi corazón.

A través del gemido podemos decirle muchos detalles a Dios con relación a nuestros esposos. Le podemos pedir protección, fuerzas, sabiduría, perdón, gracia, etc. Lo bueno de utilizar esta jerga es que Satanás y sus demonios no pueden descifrarlo; por tanto, no tienen ventaja para entrometerse en nuestra comunicación ni en los planes de Dios.

Otra jerga espiritual que puedes utilizar es el hablar en lenguas. Muchos cristianos piensan que hablar en lenguas es una señal de que son "super espirituales". Algunos utilizan las lenguas para competir y para jactarse de ser más espirituales que otros. Eso es exactamente lo que sucedió en la Iglesia de los Corintios. Cada uno se jactaba de este don. Pero el apóstol Pablo, en el Capítulo 14 de 1 de Corintios, explica el propósito de los dones y dice cómo deben utilizarse.

Por gracia de Dios tengo el don de lenguas; sin embargo, procuro utilizarlo de la manera correcta. En la mayoría del tiempo lo utilizo cuando estoy en oración. Si siento hablar en lenguas estando en público, pero no tengo interpretación, las hablo para mí y para Dios (1

Corintios 14, 26-28). En ocasiones, las hablo en el momento de adoración, cuando la iglesia está en un ambiente de alabanza. Pero mayormente utilizo este lenguaje para hablar misterios con Dios. *"Porque el que habla en lenguas no habla a los hombres, sino a Dios; pues nadie le entiende, aunque por el Espíritu habla misterios"* (1 Corintios 14, 2).

Debes pedirle a Dios que te permita interceder en lenguas. Cuando hablas en lenguas estás comunicando un lenguaje del Espíritu, el que puedes utilizarlo como un arma que te ayudará a pelear por tu esposo. A través de las lenguas hablas misterios con Dios; expresas palabras que solo las entiende el Espíritu. Por medio de este lenguaje puedes comunicarle al Señor detalles importantes, y Dios, que conoce las intenciones del corazón, te responderá conforme a tus inquietudes y necesidades. Te responderá conforme a su voluntad y a su propósito.

Intercede por tu esposo en ayuno

Tu esposo no solo necesita tus oraciones; también necesita que hagas ayunos por él. En la guerra espiritual hay situaciones que requieren más fuerza, por tanto, el ayuno es un arma poderosa para derribar fortalezas del enemigo. A través del ayuno podemos *desatar ligaduras de impiedad, soltar cargas de opresión, dejar ir libres a los quebrantados y romper todo yugo* (Isaías 58, 6).

En ocasiones tu esposo necesitará que lo ayudes a *desatar ligaduras de impiedad*. Algunas ligaduras que posiblemente estén atando a tu esposo pueden ser la mentira, la falta de consagración o el dedicar mucho tiempo a actividades que no producen algún beneficio espiritual. También la ira, la contienda, el amor al dinero, la idolatría (darle el primado a otros asuntos o cosas que no sea Dios) son ligaduras que pueden estar afectando la vida espiritual de tu esposo. Aunque él es un hombre llamado por Dios no deja de ser humano y si se descuida las concupiscencias de su naturaleza pecaminosa saldrán a flote.

En otros momentos tu esposo se sentirá cargado y oprimido. No es fácil la responsabilidad que tiene en el hogar y en la congregación. La carga que le toca llevar diariamente es un reto enorme. Por eso, tu esposo necesita que lo ayudes a *soltar cargas de opresión*. Angustias, temores, preocupaciones, confusión, complejos, incertidumbres, cobardía, etc., son sentimientos que pueden causarle la sensación de estar cargado, sin saber qué hacer. Si ayunas por él, Dios puede soltar esas cargas y darle descanso.

El quebranto también llega a la vida de tu esposo. Momentos de dolor, tristeza y pruebas pueden herir su corazón. Algunas heridas son causadas por familiares, amistades y hermanos en Cristo. Tales heridas pueden causar rencor, amargura, odio, venganza, ira, etc. Pero si ayunas, Dios te provee las herramientas adecuadas para *dejar libre su corazón quebrantado*. Cuando peleas en ayuno por la sanidad interna de tu esposo, Dios se encarga de restaurar la coraza de justicia que fue diseñada para proteger su corazón. Existen pastores que han llegado al extremo de estar atados a un yugo. El yugo tiene que ver con dominio, opresión o atadura. Si tu esposo lleva mucho tiempo que no se consagra significa que hay un yugo que le está impidiendo buscar las cosas de arriba. Cuando un creyente llega a esta condición significa que está en total control de la carne. Si continuamente él está discutiendo o es celoso, envidioso, etc., entonces tienes que estar dispuesta a sacrificarte separando días de ayunos para que Dios *rompa todo yugo* que lo tiene atado.

La Biblia dice que la carne está viciada con los deseos engañosos (Efesios 4, 22). Entonces, si tu esposo está siendo dominado por sus deseos significa que su mente necesita una renovación. Efesios 4, 23-32 habla sobre la importancia de renovar la mente de los siguientes vicios: mentira, ira, hurto, palabras corrompidas, amargura, enojo, gritería, maledicencia, malicia, falta de misericordia y perdón. Todos estos pecados mantienen enyugada la mente de una persona. Esta condición contrista al Espíritu Santo. Si ves que tu esposo está en esta situación es sinónimo de que se encuentra en un estado de emergencia. No esperes más y comienza tus días de oración y ayuno por él.

Te aconsejo que cuando salgas de tus ayunos no le des lugar al enemigo. No caigas en la tentación de discutir con tu esposo. A veces te sentirás desilusionada porque deseas ver cambios en tu compañero de manera rápida. No te desesperes. Aunque no lo veas, Dios está obrando. Ten paciencia y deja que el Señor haga todo a su tiempo y a su manera. Si tratas de arreglar cualquier situación a tu forma puedes llegar a utilizar métodos pecaminosos. Entonces, tendrás que ayunar por ti para que Dios obre en tu interior.

Si crees que te has salido de control, entonces levanta un ayuno por ti (aunque te aconsejo que lo hagas, por lo menos, una vez a la semana), para que el Señor te fortalezca. Ayuna para que tu corazón se llene del fruto del Espíritu (amor, gozo, paz, paciencia, bondad, benignidad, fe, mansedumbre y templanza). Cuando estés preparada para pelear por tu esposo, entonces, vuelve al campo de batalla a favor de él. Y recuerda, pelea por tu esposo, no con tu esposo.

Vigila a favor de tu esposo

Los guardaespaldas están en constante vigilancia. Ellos, en muchas ocasiones pierden noches enteras elaborando estrategias de seguridad. En la Biblia, a los vigilantes les llamaban *atalayas*. El atalaya trabajaba en una torre y vigilaba para poder avisar, con tiempo, de un peligro o amenaza. Como guardaespaldas del Servicio Secreto de Dios debes mantenerte alerta por tu esposo. En ocasiones Dios utilizará las madrugadas para revelarte detalles importantes. A veces te hablará en sueños y te advertirá de pruebas que se avecinan.

Si te mantienes en oración y ayuno el Espíritu Santo te revelará cualquier peligro o amenaza que atenta contra la vida de tu líder. Dios te dará el discernimiento de algún asunto que debes saber. Así podrás distinguir entre lo que proviene de Dios y lo que no. Es importante que seas sensible al Espíritu Santo cuando te levanta de madrugada a orar o cuando te mueve a esconderte en su presencia en cualquier momento. En esos instantes es cuando Dios quiere mostrarte, advertirte o ponerte a interceder en el Espíritu por tu líder.

Pelea con discreción
Una de las reglas del Servicio Secreto es que las personas que trabajan en esta agencia deben mantener la confidencialidad. Ningún miembro del Servicio Secreto puede divulgar información, ya que estaría poniendo en riesgo la vida de su mandatario. De esta misma manera debes trabajar en favor de tu esposo. La batalla en su beneficio debes pelearla con mucha prudencia. No es sabio divulgar los defectos o debilidades de tu amado. Nadie tiene que saber cuándo o por qué estas orando o ayunando por ciertos asuntos relacionados con tu esposo y pastor.

Incluso, tu esposo no tiene que enterarse cuándo estás orando y/o ayunando por ciertos asuntos de su vida. A menos que él te pida que lo ayudes a orar o a ayunar por algo en particular existen asuntos que se deben quedar entre tú y Dios. Si el Espíritu Santo te dice que hables con tu esposo de un asunto específico o si te da una advertencia para él, entonces háblale. Pero hazlo con prudencia, mansedumbre y respeto.

Tampoco debes contarle situaciones personales a cualquier persona. Si necesitas hablar con alguien, para que te ayude en la guerra en defensa de tu marido, hazlo con una persona espiritual; una persona que tú sabes que verdaderamente te va a ayudar; preferiblemente con una compañera de ministerio. Hablar con una ovejita de la congregación no es lo más conveniente. Si le cuentas los problemas de tu esposo a personas que no están capacitadas estarás desprotegiéndolo, y muchos terminarán destruyéndolo emocional y espiritualmente. Muchas personas están esperando ver o saber cualquier error del pastor para señalarlo y juzgarlo. Mantente reservada lo más que puedas. Cuida la integridad de tu amado.

Pelea con diligencia y astucia
Los guardaespaldas del presidente son agentes inteligentes, ágiles y astutos. Pero para ellos poder ser parte del Servicio Secreto tuvieron que poner mucho interés y esmero. Tuvieron que pasar pruebas fuertes de entrenamiento. Dios desea que, así como estos servidores, tú también tengas el interés por ayudar a tu esposo a pelear esta batalla espiritual. No mires esta guerra como un asunto sin importancia. No permitas que la indiferencia toque a tu puerta. La guerra espiritual es real y

peligrosa. Si muestras diligencia, el Señor te adiestrará para la batalla (Salmos 144, 1). Él te enseñará a pelear y a utilizar la armadura del Espíritu (Efesios 6, 10-18). Amada, recuerda que para que puedas proteger a tu amado en esta guerra espiritual debes renunciar a tu yo. Debes renunciar a tus comodidades. Debes cubrirlo con tus oraciones. Porque tu esposo es humano, por tanto, también se cansa y se debilita. Él también carga con esa naturaleza pecaminosa que muchas veces lo hace actuar de maneras incorrectas. Pero si lo ayudas, con tus oraciones y ayunos, moverás a Dios a misericordia. Contribuirás a que Dios lo levante, lo restaure y derrame sobre él toda su gracia.

No pelees con tu esposo cuando no actúe como un hombre espiritual. Pelea contra todas las potestades de las tinieblas que lo atacan. Pelea contra tu propia carne que te traiciona para que no apoyes a tu esposo y líder. Tal como el Servicio Secreto debes ser más astuta que el enemigo. Defiende a tu líder con astucia, pero trátalo con mansedumbre. *"... sed, pues, prudentes como serpientes, y sencillos (mansos) como palomas"* (San Mateo 10, 16). Pelea en el Espíritu con las armas espirituales que ya Dios te entregó. *"... porque las armas de nuestra milicia no son carnales, sino poderosas en Dios para la destrucción de fortalezas..."* (2 Corintios 10, 4).

PROTEGE A TU ESPOSO EN LA GUERRA ESPITIRUAL
PALABRAS DE UN PASTOR

Pastor Joel Soto
(Estados Unidos)

Ya que el pastor pelea constantemente con fuerzas espirituales necesita el apoyo espiritual de su esposa. Ella puede ayudar a su compañero orando por él diariamente.

El pastor trata de dirigir a la iglesia de acuerdo a la visión de Dios. Él mismo está buscando estar en la perfecta voluntad de Dios y de esta manera meter a la Iglesia a la voluntad divina; pero a veces se siente que las mismas ovejas están en su contra. Entonces, la mejor manera como la compañera del pastor puede ayudarlo es imitando el ejemplo de María, la madre de Jesús. María guardaba muchas cosas en su corazón (Lucas 2, 19. 51). En otras palabras, callaba lo que no entendía. Porque la guerra espiritual es tan grande que el pastor no quiere sentir que su esposa también está en contra de él al no entender muchos detalles relacionados al ministerio o al no comprender la manera como Dios trata con su esposo.

Cuando el pastor se encuentra débil espiritualmente, su esposa no debe obligarlo a subir su nivel espiritual. Debe considerarlo y esperar que el Espíritu Santo le enseñe lo que es necesario que él aprenda en el desierto.

Capítulo 6
ATIENDE LAS NECESIDADES FÍSICAS DE TU ESPOSO

María trabaja ocho horas fuera del hogar. Cuando llega a su casa no le queda ánimo para hacer sus trabajos domésticos. Entonces, la mayoría de las veces se acuesta a dormir hasta poco antes de salir al templo. Su esposo, el pastor Carlos, en ocasiones ha tenido que ir hambriento al templo. Otras veces ha tenido que comprar su alimento en restaurantes de comidas rápidas. Esta situación ha provocado que el pastor se enferme con más frecuencia por no seguir la dieta que necesita por su condición de salud. La continua ausencia del pastor a los cultos, por motivos de enfermedad, está afectando su desempeño como líder en la congregación. También su relación conyugal se ha afectado.

Muchas esposas piensan que los hombres, porque fueron creados con más fuerza física, no necesitan del cuidado de ellas. La realidad es que ellos necesitan de sus compañeras más de lo que ellas se imaginan. "Y dijo Jehová: *No es bueno que el hombre esté solo; le haré ayuda idónea para él"* (Génesis 2, 18). Parece que María no ha entendido esta verdad. Ella no ha comprendido que Dios la puso al lado de su esposo para cuidarlo y ayudarlo; para atender sus necesidades fisiológicas. Las razones por las que ella tiene que trabajar fuera del hogar pueden ser muchas, pero, independientemente del motivo, su responsabilidad principal es la de proveer los cuidados físicos de su esposo e hijos.

Mi consejo para ella es que haga una agenda en la cual pueda organizar todas sus actividades asignándoles un horario. Porque siendo organizada puede cuidar de su esposo de manera más efectiva. Organizándose puede ocuparse diligentemente en atender a su familia proveyéndole la alimentación adecuada. Puede preparar los alimentos de la semana y guardarlos en el refrigerador; de esta manera, cuando salga del trabajo solo tendrá que calentar la comida; o su familia puede ayudarle a calentarla. También debe organizar el tiempo que utilizará para atender los trabajos domésticos. Debería, también, reservar un tiempo para atenderse a ella misma, ejercitándose y haciendo actividades que le agradan. No debe olvidar escribir en su agenda un tiempo para descansar. El descanso le ayudará a recargar las energías para ser más productiva.

Muchas damas fracasan en esta área del cuidado físico de sus esposos porque en sus agendas otras actividades están en prioridad. Nuestra prioridad, como mujeres de Dios, debe ser atender sabiamente a nuestro esposo e hijos.

A continuación, te menciono con detalles algunas necesidades físicas de tu esposo que debes atender con mucha responsabilidad.

1. Necesidad de alimentación
Tu esposo necesita alimentarse saludablemente. Cocínale una buena dieta balanceada. Siempre incorpora en sus comidas las frutas y los vegetales. Muchas mujeres, por no querer pasar tiempo cocinando, proveen a su familia comidas que no aportan suficientes nutrientes o vitaminas. Otras prefieren que sus esposos gasten dinero en restaurantes de comida rápida. Estas comidas aportan mucha grasa al cuerpo. Y los estudios indican que la mayoría de las enfermedades se deben a la mala alimentación.

¿Sabías que los alimentos también influyen en nuestro comportamiento? Los contenidos de las comidas llegan a nuestro celebro a través de la sangre y ejercen cierto control sobre nuestra forma de comportarnos. La manera como te alimentas y como alimentas a tu familia puede traer resultados positivos o negativos. Tu esposo necesita alimentos sanos para poder trabajar efectiva y energéticamente con su familia, congregación y demás personas.

2. Necesidad de ejercicio
No puedes obligar a tu esposo a hacer ejercicio, pero puedes animarlo a hacerlo. Anímalo a salir a caminar, correr o a hacer algún deporte que exija movimiento. Él debe ejercitarse, ya que necesita energía para ministrar la Palabra y orar por las personas. La manera de motivarlo es que des el primer paso. Tú, al igual que tu esposo, necesitan ejercitar el corazón para mantenerlo saludable.

3. Necesidad de limpieza
La limpieza es parte de las necesidades físicas del ser humano. Tu esposo necesita tener su ropa limpia, planchada y organizada. Es triste, pero existen pastores que llegan al templo con su ropa estrujada y mal oliente. Preocúpate de que tu esposo esté bien presentable. Recuerda que él trabaja con personas que necesitan que el pastor tenga buen olor. Necesitan que su líder represente a un siervo de Dios bien cuidado. No significa que debe tener ropa nueva todo el tiempo (porque hay pastores que no tienen para comprar regularmente), pero lo más importante es que esté limpio y con buen olor.

También es importante para él que lo ayudes a mantener bien aseados a sus hijos y que la casa esté ordenada y aseada. Porque tu casa representa a tu familia.

4. Necesidad de atender su salud
Es importante que ayudes a tu esposo a cuidar su salud. Si él tiene una condición física o de salud, y requiere atenciones especiales, debes estar presente para proveérselas. Si necesita alguna dieta, masajes, terapias, medicamentos, etc., asístelo a llevar a cabo los procedimientos.

5. Necesidad de ser atendido sexualmente
Aunque dejé este tema para el último no significa que es el menos importante. Las relaciones sexuales, aunque tienen que ver con una necesidad emocional, es también una necesidad física. Cuando una mujer no cumple su deber conyugar le ocasiona estrés a su esposo al no ayudarlo a descargar el fluido (semen).

Tristemente muchos pastores han caído en adulterio porque sus esposas no fueron conscientes de que ellos tenían una fisiología diferente a las de ellas. No cometas el error de descuidar la vida sexual de tu esposo. Tú eres la escogida para suplir esa necesidad (1 Corintios 7, 3-5).

Amada, tu esposo necesita mucha ayuda. Él está muy ocupado en asuntos familiares y ministeriales y lo menos que desea es pensar que tiene que llegar a su casa a cocinar, limpiar y atender otros detalles que, se supone, son tu responsabilidad. Él necesita tener la confianza de que llegará a su hogar y habrá una dama esperándolo para proveerle sus alimentos. Necesita tener la seguridad de que su amada lo ayudará a cuidar su salud. Su corazón necesita sentir paz sabiendo que su compañera no se negará cuando quiera tener intimidad. Él tiene el derecho de sentirse satisfecho por todas tus atenciones y cuidados.

ATIENDE LAS NECESIDADES FÍSICAS DE TU ESPOSO
PALABRAS DE UN PASTOR

Pastor Wilfredo Picot
(Puerto Rico)

El matrimonio pastoral debe tener un balance. La pareja debe estar de acuerdo, no solo en lo que tiene que ver con el ministerio, sino también en lo relacionado al cuidado de la salud y también sobre las tareas que se tienen que realizar en el hogar para el beneficio de la familia. La ayuda de mi esposa en el hogar es bien importante para mí. Ella me ayuda en cuanto a la salud, ya que tengo condiciones físicas. Ella también me ayuda en cuanto a la alimentación, el cuidado de mi ropa y otros asuntos.

Si la esposa de un pastor no atiende a su esposo tanto en lo emocional, espiritual como en lo físico, esto sería catastrófico. Sería como una nube gris que se posa sobre ese varón. Sería triste porque la carga no puede ser de uno solo. En el matrimonio, la esposa ocupa una posición importante, ya que ella tiene que velar que su esposo esté bien cuidado físicamente. De esa manera, tanto la familia como el ministerio funcionarán adecuadamente. Pero ambos deben estar de acuerdo y ayudarse mutuamente.

Capítulo 7
ASISTE A TU ESPOSO CON LA CRIANZA DE LOS HIJOS

Todo varón necesita una compañera que lo ayude con la crianza de los hijos. Los pastores requieren de una ayuda especial. Ellos tienen la responsabilidad, como padres y ministros de Dios, de criar hijos sanos, obedientes, sujetos y disciplinados. Lograr cumplir con esa tarea es un reto enorme, por tanto, necesitan la asistencia de mujeres llenas de la sabiduría divina. Ellos requieren de esposas responsables, cariñosas, de buen ejemplo, respetuosas, pacientes y buenas. Necesitan de compañeras que les enseñen a sus hijos a temer a Dios, respetar a las autoridades y a ser personas disciplinadas.

En 1 de Timoteo 3, 2-7 se menciona una lista de los requisitos que un obispo (pastor) debe tener. El versículo 4 dice que el obispo debe *gobernar bien su casa*. Sus hijos deben estar sujetos y ser honestos. En el versículo 5 dice: *"Pues el que no sabe gobernar su propia casa, ¿cómo cuidará de la Iglesia de Dios?"*. Un pastor debe tener su casa en orden, pero no puede hacerlo solo.

La ayuda de su esposa es vital porque lo hará sentirse respaldado y descansado. Cuando ella lo ayuda a criar hijos responsables y disciplinados contribuye a su buen estado emocional. Además, esto le provee una buena reputación delante de los demás.

La manera como puedes ayudar a tu esposo con la crianza de los hijos es, primeramente, siendo una mujer sabia; mostrándote como ejemplo de buenas obras. Si eres una persona disciplinada, si te amas y te cuidas a ti misma, obedeces a las autoridades, te sometes a tu esposo y lo respetas, te consagras al Señor y le demuestras amor a tu familia, entonces lograrás que tus hijos se desarrollen en un ambiente positivo. Esto contribuirá a que puedas criar hijos conforme al corazón de Dios.

Ahora, deseo mostrarte detalladamente algunas de las responsabilidades que, como madre, debes asumir.

Educa a tus hijos en el temor a Dios
Tus hijos necesitan aprender y conocer quién es su Creador. Necesitan aprender a respetarlo y a honrarlo. Pero para que ellos puedan aprenderlo debes **instruirlos en la Palabra de Dios**. Debes leerles la Biblia, explicársela y hablarles de ella diariamente. *"Y estas palabras que yo te mando hoy, estarán sobre tu corazón; y las repetirás a tus hijos, y hablarás de ellas estando en tu casa, y andando por el camino, y al acostarte, y cuando te levantes"* (Deuteronomio 6, 6-7). Dios debe ser el centro de toda conversación en tu hogar. Dirige a tus hijos a entender

que todo lo que hagan o digan debe estar de acuerdo a lo que el Señor dice en su palabra (1 Pedro 4, 11). También debes **orar y ayunar con ellos**. Hazles entender que necesitan comunicarse con Dios. Enséñales que la *oración* es el medio por el cual pueden acercarse a su Padre. También, a través de la oración pueden alabarle y agradecerle sus misericordias, beneficios y la provisión de Cristo, su hijo, para perdonar sus pecados. A través de la oración pueden pedirle a Dios que les provea sus necesidades físicas, materiales, emocionales y espirituales.

Ellos necesitan saber que Dios también les entregó otra arma poderosa llamada *ayuno*. El ayuno los ayuda a mantener la carne sujeta al Espíritu, para que sean mejores hijos, cristianos y seres humanos. Enséñales que el ayuno *desata ligaduras de impiedad, rompe yugos, suelta cargas de opresión, y los puede libertar de cualquier atadura* (Isaías 58, 6). También el ayuno los ayuda a *amar a su prójimo, perdonar, y ser sensibles a las necesidades de otros* (Isaías 58, 7).

Enséñales disciplina

En tu hogar debe haber **reglas de comportamiento** que tus hijos deben seguir. Las reglas deben ser claras. Si es posible, escríbelas en algún lugar visible para ellos. Cuando les enseñas reglas de comportamiento en tu hogar no pasas dolores de cabeza tratando de que se comporten bien fuera del mismo. Algunas reglas de comportamiento pueden ser hablar palabras edificantes, recoger la basura del suelo, ser amables, pedir permiso, pedir perdón, no interrumpir al que está hablando, tratar a todos sin acepción, hablar pacíficamente, hablar la verdad, no brincar en los asientos y en las camas, respetar y cuidar las cosas ajenas, etc.

También educa a tus hijos en la sabia **administración del tiempo**. Dedica el primer tiempo de la mañana para hacer un devocional a Dios. Ellos necesitan entender que nuestro Señor se merece el primado. Él merece que le agradezcamos todas sus misericordias y por todo lo que nos da y nos permite atravesar. Es menester que les hagas saber que ellos necesitan desayunar (espiritualmente) con su Padre Celestial para que estén fuertes durante el día y así tengan el poder de vencer las tentaciones.

Enséñales, también, a emplear su tiempo en diferentes actividades. No permitas que pasen más de dos horas frente al televisor, la tableta o los juegos de videos. Ellos deben saber que Dios también desea que sean buenos mayordomos del tiempo. Guíalos a hacer una agenda diaria para que sepan con anterioridad las actividades que van a realizar; de esta manera no estarán ociosos.

"Mirad, pues, con diligencia como andéis, no como necios sino como sabios, aprovechando bien el tiempo, porque los días son malos" (Efesios 5, 15-16).

Dirígelos a llevar a cabo actividades espirituales, físicas y sociales. También es bueno que ellos empleen su tiempo educándose en diferentes áreas. Ayúdalos a aprovechar el tiempo haciendo actividades en las cuales desarrollen sus talentos, dones y habilidades. Puedes, también, llevarlos a algún lugar a hacer algún servicio social. Es bueno que también hagan ejercicio y jueguen. No te olvides de llevarlos a casa del abuelo y la abuela a compartir un rato agradable con ellos. Puedes pedirles a los abuelos que saquen su álbum de fotos, para que les hablen a sus nietos sobre las personas de las fotos y sobre esos tiempos cuando eran jóvenes.

Utiliza tu creatividad para ayudar a tus hijos a aprovechar el tiempo al máximo. Recuerda que el tiempo es un recurso que, después que pasa, no se recupera. Y, sobre todo, recuerda que Satanás no pierde el tiempo tratando de destruir a tus hijos; por tal motivo es necesario que ellos sepan que no deben desperdiciar su tiempo, mucho menos en la ociosidad.

El **deber de trabajar** es otra disciplina que debes enseñarle a tus hijos. Cada uno de ellos debe colaborar con las tareas del hogar. Enséñales que trabajar no es una maldición. Antes de que Adán y Eva pecaran, Adán cuidaba el jardín del Edén. Él labraba la tierra (Génesis 2, 15). Pero Adán maldijo la tierra al pecar; por esa razón tuvo que esforzarse más para traer el alimento a su casa (Génesis 3, 17-19). El apóstol Pablo exhorta a algunos de Tesalónica, que no querían trabajar, y les dice: "... *Si alguno no quiere trabajar, tampoco coma*" (2 Tesalonicenses 3, 10). Grábales en sus mentes que para poder obtener beneficios primero tienen que trabajar.

Llega el momento que muchos niños y jovencitos desean ganar dinero. Exhórtales y enséñales a ganarse el dinero honradamente, pues robar dinero o ganarlo ilícitamente trae malas consecuencias (Efesios 4, 28).

Instruye a tus hijos a **administrar el dinero** que reciban o ganen de manera apropiada. El diezmo y las ofrendas es lo primero que deben apartar para la obra de Dios (Malaquías 3, 10-11). Es importante que también ahorren una porción (para cualquier emergencia o necesidad). Otra parte la pueden utilizar para algún antojo. Y es bueno que también los conduzcas a compartir con las personas menos afortunadas. De esta manera aprenden a no ser avariciosos (Lucas 12, 15).

Otra disciplina importante que tus hijos necesitan aprender es a **cuidar sus cuerpos**. El cuerpo es el templo del Espíritu Santo (2 Corintios 6, 16). Ayúdalos a *alimentarse sanamente*. Provéeles una buena dieta. También, motívalos a *ejercitarse*. No les permitas estar muchas horas sin moverse. Déjalos jugar, correr, caminar, etc.

Cuando ya hayan gastado todas sus energías, deben descansar. El *descanso* también es necesario para el cuerpo. Asegúrate que duerman las horas necesarias de acuerdo a su edad. También asegúrate de su *higiene personal*; que se bañen todos los días, se cepillen sus dientes y hagan todo lo correspondiente a su aseo diario.

Oriéntalos sobre *el peligro de utilizar drogas, bebidas alcohólicas, etc.* Hazlos reflexionar sobre estos textos:

"¿No sabéis que sois templo de Dios, y que el Espíritu Santo mora en vosotros? Si alguno destruyere el templo de Dios, Dios le destruirá a él; porque el templo de Dios, el cual sois vosotros, santo es" (1 Corintios 3, 16-17). Háblales también sobre la *fornicación* (si están en la edad apropiada). Adviérteles que el que fornica peca contra su propio cuerpo (1 Corintios 6, 18). El que fornica peca contra Dios. Es necesario que también sepan que tener relaciones ilícitas puede traer consecuencias desastrosas. Ellas pueden ocasionar enfermedades como el SIDA.

Es muy importante que también les enseñes a **respetar a las autoridades**. Las autoridades han sido puestas por Dios (Romanos 13, 1-7). La primera autoridad que deben respetar es a su Creador. Dirígelos a ser reverentes en el momento de la oración, de la lectura bíblica y cuando estén en el templo. Condúcelos a obedecer los estatutos del Señor. Después de Dios, su padre y su madre son la próxima autoridad que deben obedecer. Enséñales, con tu ejemplo, a respetar a su padre. Enséñales a respetarte a ti también. Gánate su respeto siendo una persona respetuosa y justa. Fuera del hogar deben respetar y obedecer a toda autoridad (siempre y cuando no los obliguen a hacer algo en contra de Dios). Es importante que aprendan que todo ser humano merece respeto.

Enséñales también a **respetar la naturaleza;** que aprendan a cuidar a los animales, las plantas y los recursos naturales. Dirígelos a que recojan la basura del suelo. Muéstrales, a través de los medios de comunicación, el efecto de la contaminación ambiental sobre el planeta tierra. Motívalos a sembrar plantas y cuidar de ellas. Enséñales a utilizar responsablemente los recursos naturales tales como el agua, la electricidad, el gas. Ellos deben entender que Dios puso al ser humano para señorear sobre la tierra y para cuidarla con sabiduría (Génesis 1, 28).

Como último punto, enséñales a **resolver problemas con otras personas**. Tus hijos deben aprender la manera bíblica de resolver problemas. Mateo 18, 15-17 dice que para resolver una situación con algún hermano(a) primero debe ir a solas con tal persona y tratar de arreglar el asunto. Si la persona no escucha, entonces debe ir con testigos. Y si no los oyere a ambos, entonces se tiene que tomar otras medidas. Tus hijos deben aprender a tratar los problemas con los demás de forma pacífica y calmada. Sobre todo, siempre enseñarles a perdonar (Mateo 6, 14) y a pedir perdón (Mateo 5, 23-24).

Amada, recuerda que, para que la disciplina funcione y produzca buenos resultados, debes *presentarte tú como buen ejemplo*. Si tu ejemplo es todo lo contrario a lo que enseñas con tus palabras la disciplina no tendrá resultados positivos. Porque los hijos hacen más lo que hacemos que lo que decimos.

También debes *mantener la constancia en la disciplina*. Los niños necesitan rutinas para lograr establecer hábitos. Si no eres constante, tus hijos no tomarán en serio lo que deseas que aprendan; por tanto, no podrás crear en ellos un estilo de vida saludable y estable.

Lo más importante de disciplinar es que debes *hacerlo con amor, paciencia y firmeza*. Si tus hijos no obedecen las reglas o hacen algo incorrecto, y vas a imponer algún castigo, asegúrate de hacerlo de la manera correcta. *"Castiga a tu hijo en tanto que hay esperanza; Mas no se apresure tu alma para destruirlo. El de grande ira llevará la pena; Y si usa de violencias, añadirá nuevos males"* (Proverbios 19, 18-19).

Nunca te dejes llevar por la ira, porque terminarás lastimándolos física o verbalmente. El castigo no es para destruir, sino para corregir. Tómate una dosis de paciencia todos los días y disciplina a tus hijos con seriedad, pero con amor; sin ofensas, burlas, desprecio, resentimiento ni violencia. *"Y vosotros, padres, no provoquéis a ira a vuestros hijos, sino criadlos en disciplina y amonestación del Señor"* (Efesios 6, 4).

Demuéstrales el amor

Nuestros hijos necesitan sentirse amados. Cuando ellos se sienten queridos son más propensos a tener una autoestima saludable, porque le encuentran sentido a la vida. Se sienten más motivados a obedecer y a cumplir con sus responsabilidades. El amor que les demostramos los motiva a amar a Dios y a sus semejantes.

Tu esposo necesita que seas una madre cariñosa y que le demuestres el amor a tus hijos de diferentes maneras.

Él necesita que lo hagas porque esto les proporciona estabilidad emocional. También tu esposo necesita que en su hogar haya una familia que lo trate con amor y respeto; de esta manera tendrá una familia unida; y tendrá la moral para enseñarles a las ovejas de la congregación sobre cómo tener familias saludables. Pero para que esto ocurra debes ser un modelo de amor.

Dedicándoles tiempo a tus hijos es una manera de demostrarles cuánto los amas. Tus hijos necesitan que compartas con ellos las actividades que les gusta. Muchos hijos de pastores se quejan de que sus padres no les dedican tiempo. Esto no debe suceder con tus hijos. Ellos deben ser tu prioridad.

Comunicarse con ellos sanamente es otra manera de demostrarles tu amor. Es importante que te comuniques con ellos de manera amable y apacible. Tu tono de voz debe reflejar paz, aun cuando los estés corrigiendo. Es importante que los escuches antes de dar una respuesta. La Biblia dice que tenemos que ser prontos para oír y tardos para hablar (Santiago 1, 19). Cuando los escuchamos les estamos demostrando respeto y les estamos diciendo que sus pensamientos son importantes.

Sírveles con amor. La Biblia dice que todo lo que hagamos sea hecho con amor, como para el Señor (Colosenses 3, 23-24). No te quejes por los quehaceres del hogar. Cocínales, lávales sus ropas, ayúdalos con las tareas escolares, etc. Atiéndelos como es digno. Sírveles con gozo. Toma la actitud de Cristo que vino a la tierra a servir. Él siempre demostró un servicio lleno de amor. Si imitas el ejemplo de Jesús lograrás que tus hijos se sientan amados. También aprenderán a servir a los demás de manera desinteresada.

Abraza y besa a tus hijos. Ellos lo necesitan desde que nacen. Aunque hayan crecido, ellos todavía siguen necesitando tus muestras de afecto. Tengo cuatro hijos y los abrazo y los beso. Trato de llevar esta actividad antes de que se vayan a dormir, cuando salen a la escuela y cuando regresan. Aunque a veces no siento el deseo de abrazar me obligo a hacerlo porque entiendo que de esa manera les demuestro mi amor.

Juega con tus hijos; esa es otra manera como puedes hacerlos sentirse amados. Especialmente cuando son pequeños, su actividad favorita es el juego. En algunos momentos debes bajar del nivel de adulto y sumergirte en el increíble mundo de los niños y jóvenes. Yo lo hago con mis hijos. A veces juego de escuela, de policía, de dentista, de maestra, etc. Y, ahora que tengo un adolescente, he tenido que convertirme en futbolista.

Sácalos a pasear. A ellos les encanta salir y ver cosas diferentes. Llévalos al parque. También puedes llevarlos a museos educativos. A los niños les gusta divertirse y ver otras personas y lugares nuevos.

Obséquiales detalles que les gusten. Está prohibido que te olvides de esto. También ellos perciben el amor a través de los detalles tangibles. Los regalos pueden ser comprados o elaborados por ti. Cuando yo les doy regalitos a mis hijos puedo ver en sus rostros sonrisas de alegría.

Perdonar las faltas u ofensas de tus hijos es otra manera extraordinaria de demostrarles el amor. Tus hijos te van a fallar y te van a ofender; pero si les amas de verdad debes estar dispuesta a perdonarlos. Perdónalos como Cristo te perdona a ti. Después que los perdones no les recuerdes su error cada vez que te molestes con ellos. Si haces esto, les estarás demostrando que en tu corazón hay resentimientos y raíces de amargura.

Humíllate y discúlpate cuando les ofendas. Si verdaderamente amas a tus hijos debes demostrárselo de esta manera. Tú también los has ofendido y los seguirás ofendiendo, aunque en tu corazón no desees hacerlo. Pero si eres humilde aceptarás tus errores y les expresarás cuánto lo sientes. Cuando actúas de esta manera sanas los corazones de tus hijos, y ellos se sienten verdaderamente amados.

Si les demuestras el amor a tus hijos de todas estas maneras estarás sembrando amor, el cual cosecharás diariamente. Y formarás hijos amorosos y llenos de empatía hacia las demás personas.

Para concluir quiero recordarte que tu esposo necesita una mujer capacitada, paciente y dedicada; una dama que lo ayude con esta gran tarea de criar a los hijos. Cuando asumes esta responsabilidad con interés, le indicas a tu esposo que te preocupas por mantener un hogar lleno de amor, fe y disciplina. Le demuestras que eres esa ayuda idónea que Dios diseñó para él. ¡No te imaginas cuánto descanso emocional, espiritual y físico le das a tu esposo al cuidar de sus hijos! Él se siente dichoso porque te preocupas por ayudarlo a mantener hijos que caminen conforme al orden de Dios; que no estén acusados de disolución ni rebeldía (Tito 1, 6).

PALABRAS DE UN PASTOR

Pastor Joel Soto
(Estados Unidos)

Las esposas de pastores son de gran ayuda a sus esposos con la crianza de los hijos. Definitivamente los padres siempre aportan en esta labor, pero todos sabemos que Dios les otorgó una gracia linda y especial a las madres, para que puedan cumplir con esta tarea.

Una de las maneras como ella puede ayudar a su esposo en la crianza es con su forma de tratarlo delante de sus hijos. Los hijos se dan cuenta si su madre es una mujer sumisa a Dios y a su esposo. Su conducta influye mucho en el carácter de ellos; afecta positiva o negativamente a su estado emocional. Es importante que los hijos vean sujeción y respeto de parte de su madre. Es un grave error que la esposa del pastor compita con su esposo con relación a quién tiene la autoridad en el hogar y en la congregación. Esto puede traer confusión y rebeldía en los hijos. Por eso es importante que la esposa respete el liderazgo de su esposo y les enseñe a sus hijos a respetar la autoridad de su padre.

Todo pastor necesita que, también, su esposa lo ayude a criar hijos sanos emocionalmente. Hay momentos en que ocurren situaciones difíciles en el hogar y la congregación, y la esposa del pastor debe estar capacitada y preparada espiritualmente para impartir fortaleza a sus hijos. Llegan los momentos cuando el pastor se enferma y pasa por pruebas y dificultades, entonces necesita que su esposa le dé palabras de esperanza a sus hijos.

Es importante que también ella ayude a su esposo a criar hijos sanos espiritualmente. Y para eso se necesita una mujer como la madre de Moisés, Jocabed, quien fue una persona temerosa de Dios. Ella tuvo la bendición de criar a su hijo, Moisés, a quien Dios escogió para ser líder de Israel. Esta madre ejerció un papel muy importante en el desarrollo de su hijo como siervo de Dios y en su personalidad como ser humano.

Para concluir quiero decir que una madre tiene un don especial de parte de Dios. No importa cuantos talentos o dones tenga o cual ministerio lleve a cabo, su rol más importante se encuentra en su hogar. Ahí es donde debe estar su corazón; al lado de su esposo e hijos. Y no debe menospreciar ni perder esa posición.

CONCLUSIÓN

Ha pasado un tiempo y el pastor Juan decide volver a visitar al pastor Alfonso, pero esta vez llega acompañado.

Pastor Alfonso
Dios les bendiga pastor Juan y hermana Rebeca. Siéntense por favor. Mi esposa y yo estamos contentos de que estén aquí.

Pastor Juan
Gracias por permitirnos entrar en su hogar. La visita es para agradecerles sus oraciones por mi familia y por mí. Un tiempo atrás vine por aquí buscando su consejo y hoy queremos contarles las cosas que Dios ha hecho con nosotros.

Hermana Rebeca
Pastor Alfonso y hermana Milagros, como ya ustedes tienen conocimiento, yo me comporté rebeldemente por un tiempo. Le falté el respeto a mi esposo y no me con-

duje como una verdadera sierva de Dios. Le causé heridas emocionales y como consecuencia mis hijos y la congregación se afectaron mucho.

Cuando mi esposo le comunicó lo que estaba sucediendo conmigo, usted le aconsejó que me pusiera en disciplina hasta que el Señor tratara con mi corazón y me restaurara. En ese tiempo yo no sabía que él había hablado con usted, pero mi esposo siguió su consejo. Yo estaba muy enojada con la disciplina y dejé de ir al templo.

A la semana de no estar yendo al templo tuve un sueño en el que me veía en una sala de emergencia. Mientras estaba acostada en una camilla vi a mi esposo orando por mí. Al despertar del sueño estaba muy asustada, pero todavía con mi corazón endurecido.

Una semana después de ese sueño me sucedió algo terrible. Tuve un accidente automovilístico en el cual quedé en estado de coma. Estando en esa condición, el Señor se me reveló y me habló. Esa voz me dijo: "¿Por qué eres de estorbo a mi obra? ¿Por qué lastimas el corazón de mi siervo? Yo lo escogí para que me prepare un pueblo y lo santifique con mi palabra, porque pronto levantaré a mi Iglesia. Pero tú estás estorbando el trabajo con tus malas obras. Estás hiriendo a mi siervo. ¡Rebeca!, hoy te estoy dando una oportunidad para arrepentirte. Si no te arrepientes te quito del medio".

Cuando escuché aquellas palabras mi corazón se dolió y se estremeció dentro de mí. Le dije al Señor que lo sentía mucho. Le expresé que no quería morir en esa

CONCLUSIÓN

condición. Luego le pedí perdón. Él me dijo que me perdonaba y que me daba la oportunidad de ayudar a mi esposo en la obra. Me dijo que cuidara el corazón de mi esposo porque él me amaba y deseaba que yo lo tratara como era digno.

Ese día me comprometí con Dios a sanar y cuidar el corazón de mi esposo. A la semana de estar en estado de coma, desperté. Al despertar encontré a mi esposo orando por mí, tal como lo vi en el sueño. Mi esposo peleaba por mi alma en oración.

Pastor Juan

Así fue como Dios trató con ella. Y ahora mi esposa es una nueva persona. Gracias por sus oraciones, sus consejos y el gran apoyo que me brindaron.

Hermana Rebeca

Yo necesitaba la disciplina de Dios en mi vida. Gracias a eso mi esposo y yo estamos como recién casados. El Señor ha restaurado nuestra relación matrimonial. Nuestros hijos están contentos de lo que Dios ha hecho en nuestro hogar. La congregación también siente contentamiento. Ellos me perdonaron y le dieron la oportunidad a mi esposo de seguir pastoreando.

Pastor Alfredo

Mi esposa y yo nos gozamos de esa victoria. Yo sé que ustedes aman a Dios. Eso fue un ataque del enemigo que quiso destruir su familia y el ministerio. Pero siempre supimos que Dios iba a hacer algo, porque estuvimos en constante oración y ayuno por ustedes. Lo más importante es que usted, hermana Rebeca, fue humilde para aceptar su condición y para rendirse por completo al Señor.

Hermana Rebeca

Le doy gracias a Dios por su misericordia para conmigo. En ese tiempo no estaba consciente del daño que le estaba causando a mi esposo. Pero ahora comprendo que soy la persona que más poder tengo para herirlo o para sanarlo, para ayudarlo o para desayudarlo, para animarlo o desanimarlo. Por esa razón le prometí al Señor cuidar el corazón de mi esposo.

¿Y tú, te atreves a prometerle lo mismo al Señor?

Amada, mi deseo es que, si has sido una mujer que no ha sabido tratar con tu esposo, puedas reflexionar y tener un corazón humilde. Tal como la hermana Rebeca debes aceptar tu error y arrepentirte. Tu esposo no debe abandonar el ministerio por tu causa. Estoy segura de que él no desea ponerte en disciplina; pero si esa es la manera como puedes ser restaurada tendrá que hacerlo. Y aunque tu esposo no te discipline, el Señor te disciplinará, para que puedas entrar en su perfecta voluntad.

CONCLUSIÓN

Tu esposo necesita una mujer sumisa, apacible, cariñosa, espiritual y con todo el fruto de Dios, para que lo ayudes, de manera sabia y prudente, en su tarea como esposo, padre y ministro de Dios. También para que seas de buen ejemplo a tus hijos y a las ovejas de la congregación.

Ora, ayuna y vela por tu vida espiritual, para que puedas tener la disposición de respetar y someterte al Señor y a tu esposo y líder. Sigue el ejemplo y los consejos de mujeres sabias. De esta manera te convertirás en una compañera sabia y prudente.

¡GRACIAS POR TU TIEMPO!

Espero que este libro haya sido de edificación para tu vida. Si piensas que los consejos dados en este libro pueden ser de bendición para otras esposas de pastores te invito a hacer un comentario en Amazon. Esto ayuda mucho para que otras esposas de ministros se interesen en obtenerlo.

Si deseas contactarme puedes enviarme tu mensaje a mi correo electrónico: laesposadelpastor77@hotmail.com.

Dios te bendiga mucho, sierva de Dios.
Tu hermana en Cristo,
Dorka Liz Soto

¡Escucha mi podcast,
SABIDURÍA DIVINA PARA LA MUJER,
en Anchor!
https://anchor.fm/dorka-liz-soto

Made in the USA
Columbia, SC
08 July 2024